Sumario

ESA HORRIBLE HISTORIA

ESOS SINIESTROS CASTILLOS Y SUS NOBLES CABALLEROS

POR

TERRY DEARY

ILUSTRADO POR PHILIP REEVE

EDITORIAL MOLINO

Para Laura Ritzema

Introducción

A veces la historia puede ser horrible. Por un lado, los profesores y los padres esperan que aprendas un montón.

El problema es que la intentan simplificar.

Y las cosas nunca son tan sencillas. Tomemos por ejemplo a los hombres que se dedicaban a la guerra. Si eras *rico*, montabas a caballo, te alimentaban bien y te trataban como a un caballero cuando caías prisionero en combate. Si eras *pobre*, tenías que arrastrarte por caminos llenos de barro o polvorientos con los pies llagados, te morías de hambre y caías enfermo, y cuando ibas a la guerra, te mataban como si fueras un pavo de Navidad. ¡CRAC!

Este libro trata principalmente de los tipos ricos que montaban a caballo. Pero no habla de cosas tan aburridas como las *grebas* o las *rodilleras*, sino de cosas que te pueden interesar más, como la *pica con gancho* y las *arrancadas*. Porque las *grebas* y las *rodilleras* no son más que unas piezas metálicas que protegen respectivamente la espinilla y la rodilla, de las que puedes ver ejemplares polvorientos y oxidados en algún viejo museo. En cambio, la *pica con gancho* era una hoja curva montada en un palo largo provista de un gancho para *arrancar* al caballero de su caballo. La utilizaba el soldado de a pie. Cuando el caballero, ataviado con una armadura de hierro, caía al suelo, el soldado de a pie utilizaba su extremo más afilado para buscar un punto débil en la armadura y hundirla en el cuerpo de la víctima.

¿Qué sucedía cuando quien apuntaba al cuello de un gordo y enlatado caballero con su *pica* era un hambriento campesino muerto de hambre? De esto debería tratar la historia: de las personas. ¿Qué habrías hecho tú de haber estado en su *pellejo*?

Ésta es la historia de los nobles guerreros que luchaban a caballo entre los años 1000 y 1600 (aproximadamente): unos hombres peligrosos, los aguerridos caballeros, que prometían lealtad a su jefe (es posible), ser respetuosos con todo el mundo (poco probable) y defender al débil (es broma).

A partir del 1600, fue «caballero» cualquier hombre que recibía tal honor del rey. Ya no tenían que servir al monarca con una espada y un caballo. De hecho, eran caballeros de salón, que se hubieran caído al intentar montar y hubieran sido incapaces de sujetar una espada sin que cayera en el pie de alguien, por lo que, a partir del siglo XVII los caballeros fueron tan interesantes como un par de serpientes librando un combate de boxeo.

En este libro también te contamos cómo eran las viviendas en las que habitaban: los siniestros castillos. Los nobles caballeros no se conformaban con un chalé en la playa, ¡ni mucho menos! Tenían que construir enormes edificios de piedra, con terroríficos pasillos y torreones con escaleras de caracol, siniestras construcciones con almenas manchadas de sangre y lúgubres, húmedas y oscuras mazmorras. ¿Por qué no se conformaban con una casita de campo o un piso en la ciudad? ¡Porque creían que un castillo era un lugar más seguro! Pero, ¿había algún modo de penetrar en un castillo y sorprender a sus desesperados defensores? Sigue leyendo y lo descubrirás.

Cronología

Aprox. año 500. China. Se inventan los estribos. A partir de ahora, los jinetes pueden luchar sin caerse de la silla de montar.

Aprox. 1000. Francia. Los jinetes normandos sustituyen las lanzas arrojadizas por otras que sujetan bajo el brazo. Nace la lanza. En esta misma época, los ingeniosos normandos inventan la cota de malla.

1041. Winchester. Aparece por primera vez en Inglaterra el concepto de «justa»: nobles caballeros luchando unos contra otros con sus lanzas para divertirse.

Aprox. 1050. Europa. Los soldados por primera vez pronuncian el juramento de no hacer daño a las mujeres, a los niños ni a los sacerdotes, ni luchar en los días sacros ni entre jueves y domingo (con lo que sólo quedaban disponibles 80 días al año). La idea de la «Orden de caballería» empieza a tomar forma.

1066. Guillermo I el Conquistador invade Inglaterra y los normandos vencedores emprenden la construcción de castillos de murallas cuadradas y torres de defensa de madera.

1086. Inglaterra. El *Domesday Book* (El libro del Día del Juicio) es un inventario de todas las tierras (el catastro) y de los señores de Inglaterra, en el que no aparece ningún «caballero». Pero ese mismo año, el rey «arma caballero» a su hijo, tocándole los hombros con una espada.

1095. El Papa Urbano II exhorta a los caballeros a defender la Iglesia cristiana en Jerusalén y a expulsar de la ciudad a los turcos. Empieza la primera Cruzada.
1096. La Cruzada de los Campesinos, dirigida por Pedro el Ermitaño, parte hacia Jerusalén antes que la de los caballeros. La mayoría son masacrados.
Principios de siglo XII. Se construyen los castillos de piedra. Los «torneos» (hombres apaleando a otros por diversión) convierten la guerra en un deporte. (Nota: Recibir la paliza no es tan divertido.)
1120. Se forma la Orden del Temple (Templarios): monjes guerreros cuya misión es proteger a los peregrinos de Jerusalén.
1130. El Papa Inocencio II prohíbe los torneos porque cree que los caballeros no deberían morir luchando, a no ser que lo hagan en *su* Cruzada, claro está. En este caso, vale.
1135. Estalla la guerra civil en Inglaterra. Cada noble se construye su propio castillo ante la impotencia del rey Esteban.
1145. Se organiza la segunda Cruzada, que fracasa estrepitosamente. Como presumían de contar con la protección de Dios, a Él le echan la culpa del fracaso.
1186. Alemania. Una nueva ley establece que solamente los hijos de los caballeros pueden ostentar dicho título. Los campesinos europeos seguirán siendo campesinos. Pero los valerosos campesinos ingleses pueden ser armados caballeros por el rey.
1187. Se organiza la tercera Cruzada, la cual,

a pesar de los valientes reyes que en ella intervienen (como Ricardo Corazón de León de Inglaterra), no obtiene mejores resultados que la segunda.

Finales del siglo XII. En Francia se hacen populares los poemas sobre caballeros. Los torneos gozan de mucha consideración.

Comienzos del siglo XIII. Los caballeros empiezan a luchar con armaduras de hierro. Antes se ponían las cotas de malla (que se oxidaban fácilmente). En Gales se inventa la ballesta. ¡Una saeta de ballesta puede atravesar al caballero y a su caballo!

1261. Los cristianos pierden Jerusalén, por lo que las Cruzadas han resultado inútiles.

1267. En Inglaterra, Eduardo I promulga leyes para regular los torneos, causantes de innumerables disturbios.

Ca. 1280. Eduardo I de Inglaterra inicia la construcción de castillos «concéntricos» en Inglaterra y Gales: castillos rodeados de murallas concéntricas.

Siglo XIV. Se establecen reglas para los torneos, como la de no atacar por debajo de la cintura. Además se crea un sistema de puntuación para decidir el ganador de un combate amistoso.

1315. Suiza. La infantería suiza utiliza alabardas (las usa aún la guardia suiza del Vaticano) para derribar a los caballeros de sus caballos y hacerlos trizas.

Década de 1320. Se emplean por primera vez los cañones en las batallas. No son potentes y no gozan de una gran popularidad.

1331. Suiza. En un torneo, muchas damas resultan heridas al desplomarse la tribuna. Lo peor es que, al ayudarlas a levantarse, los campesinos les roban las joyas.
1327. Eduardo II sube al trono británico. Los torneos adquieren más vistosidad gracias a los trajes de colores y los pomposos desfiles. Los caballeros lucen ya sólidas armaduras en vez de cotas de malla.
1337. Comienza la Guerra de los Cien Años entre Inglaterra y Francia. En ella, los caballeros pueden librar batallas de verdad.
1346. Francia. En la batalla de Crécy los arqueros ingleses derrotan a los caballeros franceses. La eficacia del caballero en las batallas es cada vez menor.
1347. Eduardo III de Inglaterra celebra un torneo en Windsor y se le ocurre fundar un nuevo grupo de caballeros: los de la Orden de la Jarretera. (La insignia de la Orden era una liga.)
1358. En Bristol, se celebran justas bajo la luz de las antorchas. ¡600 años antes de que los campos de fútbol fueran iluminados con focos! Además, se construyen castillos con ladrillos en Bretaña y Holanda.
1415. Batalla de Agincourt. Los arqueros y la caballería ingleses derrotan a los franceses, ataviados con pesadas armaduras. De nuevo disminuye la eficacia combativa de los caballeros.
1429. Francia tiene su propia Orden de Caballeros: La Orden del Vellocino de Oro. (Muy popular entre los ganaderos.)

1464. El poderoso castillo de Bamburgh, en la frontera escocesa, es conquistado con tan sólo dos cañones. El castillo va perdiendo su capacidad defensiva.

1515. En Francia se celebra el torneo de *El Campo del Paño de Oro*. Enrique VIII fue la estrella a pesar de que la lluvia interrumpía la celebración casi todos los días.

Finales del siglo XVI. En las batallas, los caballeros con sus lanzas ya no son tan importantes. Los torneos pierden popularidad. La gran época de los caballeros ha terminado.

1621. Se celebra el último de los torneos a la antigua usanza.

Esos nobles caballeros

La poderosa caballería

El concepto de «leyes de la caballería» incluía una serie de reglas a las que los caballeros intentaban ser fieles. No era su obligación, pero creían que eran mejores caballeros si lo hacían.

Por ejemplo, cuando un caballero estaba venciendo a otro y éste bajaba la espada y decía: «Me rindo», un buen caballero respondía: «Ha sido una lucha muy buena, colega. Ven a mi castillo a comer algo y hablaremos de tu rescate». Un mal caballero decía: «¡Te convertiré en comida enlatada para perros!» y a continuación le clavaba la espada en un ojo.

Hoy en día la mayoría de deportes se rigen por principios de caballerosidad: si en el fútbol un contrario resulta lesionado, se debe tirar la pelota fuera del campo para detener el juego con el fin de que el rival pueda ser atendido. El reglamento no obliga a ello. Si se hace, es por caballerosidad, y muchos a esa actitud le llaman «espíritu deportivo».

Los caballeros libraban combates a muerte, pero tenían unas reglas de caballería, como si de un combate de boxeo se tratara:

«Haré todo lo que pueda para molerte a golpes hasta dejarte inconsciente, pero si caes, no voy a pegarte en la cabeza para poner fin a tu vida y espero lo mismo de ti.»

Algunas de las reglas de la caballería siguen siendo válidas en las guerras actuales: los soldados normalmente permiten a los camilleros que lucen la insignia de la Cruz Roja entrar en el campo de batalla a recoger a los heridos. Esas reglas no procedían solamente del campo de batalla, sino que muchas de ellas provenían de las *leyendas* sobre caballeros. Dichas leyendas épicas se convirtieron en poemas que se cantaban en los salones de los castillos.

Los más famosos relatos versaban sobre guerreros españoles y franceses que lucharon contra los sarracenos en la península Ibérica. Naturalmente los héroes eran buenos y valientes guerreros leales a su rey. Pero lo que los hacía caballeros era su «caballerosidad», su modo de *comportarse.*

Porque se portaban como unos verdaderos palurdos.

Pongamos por ejemplo a los grandes héroes franceses Oliver y Roland (Roldán). Lee la siguiente historia y decide quién es el caballero y quién no es más que un valeroso soldado.

Extiende la piel de oso en el suelo, siéntate ante la hoguera crepitante del castillo y escucha la siguiente versión moderna de un antiguo poema.

La canción de Roldán o la de unos hombres de penosa conducta

El rey Carlos el Grande, un poderoso monarca, por
Carlomagno más conocido.
Enérgicos ejércitos poseía de hombres de mucha fuerza y
poco juicio.
El más grande de sus caballeros era Roldán, valiente y
presumido,
y ésta es la historia de su última contienda en la que halló su
fatal destino.

El ejército de Carlomagno luchando en el sur de España
estaba,
pero Francia, su hogar, a causa de otros disturbios lo
reclamaba.
Ganelón, el padrastro del gran Roldán a quien detestaba,
propuso al rey que al héroe y a sus amigos allí dejara.

Ganelón al rey aseguró que su Roldán les cubriría cuando de
España partieran.
Temeroso de un nuevo ataque de España, Carlomagno
gustoso aceptó.

El presumido Roldán, seguir en la lucha al monarca prometió,
junto a su amigo Oliver, un caballero valeroso.

Pero no sabían que el pérfido Ganelón había advertido a los españoles de que su hijastro allí luchando se iba a quedar.
Los españoles y sus ejércitos dejaron a Carlomagno y a sus hombres marchar.
Y en Roncesvalles, un estrecho desfiladero, se escondieron.

Roldán y su amigo Oliver, a quien cariñosamente Oli llamaba,
a través del oscuro y frío desfiladero cabalgaban,
y la alegría los embargaba,
hasta que un tramo estrecho alcanzaron y el enemigo apareció.

Pero el gran héroe Roldán no se atemorizó, antes bien se alegró.

El joven Oli el cuerno de Roldán agarró y que lo tocara le sugirió,
para que Carlomagno al oírlo regresara, a lo que Roldán se negó.
No tenía miedo y el cuerno no haría sonar,
pues al ejército español su desprecio quería mostrar.

Que no había un único ejército, su amigo Oliver le advirtió,
sino otros detrás, a la derecha y a la izquierda, cinco en total contó.

Que su espada de sangre caliente y roja iba a manchar,
Roldán respondió.
Y ante su afán de hacerles frente hasta la muerte, Oliver se horrorizó.

«¡Maldito aquél que muestre temor!», el bravo Roldán gritó.
«Miedo *no tengo*, pero la muerte *no deseo*», Oliver contestó.
Y los dos amigos siguieron cabalgando para la gran batalla librar.
Los españoles de todas partes salían. Mataban a sus hombres sin cesar.

«¡Roldán! ¿Por qué no haces sonar tu cuerno?», dijo Oliver otra vez.
«Un ejército eliminado, quedan sólo cuatro», repuso Roldán con testarudez.
Al segundo ejército machacaron y lo hicieron papilla,
y el tercero y el cuarto sucumbieron en una horripilante pesadilla.

Pero ante el quinto ejército una fuerte resistencia hallaron,
y los pobres hombres de Roldán muy desalentados quedaron.
Los guerreros españoles destrozaron a los héroes en un baño de sangre,
y Oliver suspirando dijo: «¡Oh, Roldán, dudo de que tu idea fuese certera!»

«Si ayuda hubiésemos pedido, podríamos haber vivido para al rey servir.»

Pero Roldán dijo que los héroes para las grandes hazañas han de vivir.
«Un héroe no es más que un hombre, que su misión ha de cumplir.»
Pero Oliver, ante la locura de su amigo, su cabeza empezó a sacudir.

Y Roldán cayó luchando, pero amigos míos, no vayáis a llorar, que si su cuerpo ensangrentado murió, su nombre ha de perdurar.
Se enfrentó al enemigo y jamás en la lucha se rindió.
Lo que es ser un caballero, al mundo Roldán demostró.

A pesar de su inteligencia, el pobre Oliver también pereció.
El vil Ganelón descuartizado por unos caballos la muerte encontró.
Y la esposa de Roldán, loca de dolor por su muerte, falleció.
Sólo Carlomagno quedó para contar lo que allí aconteció. Fin.

Roldán se convirtió en el modelo perfecto de caballero. Sus hazañas se cantaban en todo el mundo. Todos los caballeros querían ser como él, y todavía algunos creen que éste es el modo como se debe luchar.

La regla número uno de la caballería era: «Luchar aunque la batalla esté perdida; morir antes que huir». Quinientos años después de la muerte de Roldán, los caballeros seguían muriendo de la misma forma. Caballeros como Louis Robessart.

La última batalla de Louis

El Estandarte EDICIÓN ESPECIAL

SÓLO POR 20 ESCUDOS

EL ÚLTIMO ADIÓS A UN ESFORZADO CABALLERO

INTRÉPIDO Y VALEROSO DE LA ORDEN DE LA JARRETERA

El espíritu de Roldán no ha muerto, pero Louis Robessart sí. El caballero de la Orden de la Jarretera, Robessart (43), murió ayer como un héroe al luchar con todas las probabilidades en su contra.

En una de las batallas anglo-francesas libradas en el norte de Francia, Robessart fue víctima de una emboscada perpetrada por una descomunal tropa enemiga. Nuestro valeroso guerrero masacró a centenares de enemigos, y sus valientes hombres hicieron retroceder a los atacantes. Edward Edwinson (15), escudero de Robessart, declaró anoche: «Luchó como el mismísimo Roldán, aunque por cada uno de nosotros había cien enemigos... bueno, tal vez la proporción fuese de tres a uno. Salían de todas partes. ¡Yo estaba medio muerto de miedo! Pero sir Louis les obligó a huir. Salieron disparados como flechas.»

Cuando Robessart y sus hombres descansaban después de la batalla, éste recibió la noticia de que el enemigo regresaba. Esta vez habían reunido un ejército de hombres de refresco.

Su comandante en jefe le preguntó si deberían retirarse a un castillo amigo. Dicen que Robessart contestó: «¿Retirarnos? ¡No sé lo que significa esto!» Edward Edwinson cuenta que intentó explicarle que significaba «huir», pero Robessart no quiso escucharle.

Los jóvenes escuderos, como Edwinson y los soldados de a pie, fueron enviados a un castillo para su protección, y Robessart se enfrentó al feroz enemigo con tan sólo un grupo de caballeros.

Naturalmente, pronto fue derrotado. Dicen que lady Robessart quedó destrozada por la noticia. «Pero no tanto como sir Louis», declaró la criada.

Se ha recuperado el cadáver del valeroso guerrero. Será hervido para quitarle la carne, y sus huesos serán trasladados a su patria para ser enterrados en un sepulcro digno de un campeón.

El rey Enrique VI declaró: «Hace 93 años que estamos en guerra y los hombres empiezan a llamarla la Guerra de los Cien Años. ¡Con varios hombres tan valientes como Robessart no duraría ni 93 minutos!» Nadie sabe a ciencia cierta si se refería a que ganarían o a que serían masacrados en ese tiempo.

Pero uno no podía participar en todas las batallas que se libraban. Por esto se tuvo que inventar otros modos para demostrar que uno era un verdadero caballero.

Las reglas de la caballería

Los caballeros tenían más reglas que las de tu escuela. Es verdad que no eran reglas *estúpidas* como «Prohibido correr por los pasillos» o «Prohibido deshinchar las ruedas del coche de la directora». Pero las tenían, y algunas de ellas siguen estando vigentes.

- Gasta tu dinero con juicio.
- Elige a tus amigos con cuidado.
- Ve a menudo a la iglesia.
- Debes estar siempre preparado para la batalla.
- No vayas a cazar demasiado a menudo.
- Si te insultan, véngate.
- Si insultan a tu hermana, véngate.

Ciertas reglas en las que los caballeros creían, aún siguen estando vigentes hoy en día. Decimos: «No se debe dar a moro muerto gran lanzada». ¡Vaya tontería! ¿Qué mejor momento para hacerlo». Si lo hacemos cuando todavía está vivo, podría revolverse contra nosotros.

Pero, por encima de todo, un caballero tenía que ser un buen *amante*.

Lo cortés no quita lo valiente

Un caballero sin un amor era como un bocadillo sin jamón: estaba vacío.

Un amor era alguien que daba *sentido* a la vida del caballero, porque podía...

- Luchar por ella.

- Escribirle bellos poemas.

- Realizar grandes hazañas por ella.

- Morir por ella.

Según un libro alemán del siglo XI...

> *Un joven caballero debe cortejar a una noble dama. Debe llamar a su puerta hasta que ella le abra. Y debe hablar con ella al lado del fuego, para que ella pueda desahogarse en él y contarle las penas de su corazón.*

Nota 1: Está permitido abrazarse, siempre que sea a escondidas. Abrazarse en público no está permitido. Si la dama es soltera, su padre se enojaría. Si la dama es casada, serían los cuernos del marido los que... ¡mejor ni pensarlo!
Nota 2. A veces suele ocurrir que la mujer casada lo sea por conveniencia. Entonces se aburrirá, se sentirá sola y...
Nota 3: Solamente mujeres nobles. Un caballero que se enamore de una campesina, aunque sea una campesina de clase alta que se lave los pies, es un desgraciado. Mejor todavía si la mujer es más noble que el caballero. Lo mejor de todo es amar a una reina, menos si te atrapan, claro está.

El amante perfecto

Jaufré Rudel fue considerado el modelo de un amor caballeresco perfecto. Y sólo vio a su amor una vez, pero... *¡qué día!*

Jaufré estaba enamorado de la condesa de Trípoli. Decían que era una de las mujeres más bellas del mundo. Jaufré no sabía cuán exactamente bella porque nunca la había visto, pero esto no impedía que le enviara larguísimos poemas de amor.

Finalmente, ella lo invitó para que la conociera. Entró en el castillo, contempló el bello rostro de la dama una sola vez y quedó conmocionado. Se desmayó en sus brazos y murió en el acto.

Fue el amante perfecto. El único hombre de la historia al que le mató la belleza.

Todos los caballeros conocían la historia de Jaufré y todos creían estar muy enamorados de *sus* damas.

PERO...

Este libro pertenece a la colección de *Esa horrible historia*, y la horrible verdad es que Jaufré NO MURIÓ en los brazos de la condesa de Trípoli. Vivió hasta una edad muy avanzada.

Escuela de caballeros

¿Qué te parece si preparas a alguien para que sea tu caballero? Al fin y al cabo, ¿quién sabe? Un dragón podría aterrizar en el balcón de tu casa y comerse las macetas. ¿Qué harías sin un caballero?

Así es cómo se forma un caballero. Lo puedes guardar en un armario hasta que lo necesites.

1 Coge a un niño de siete años. (En tiempos modernos de la igualdad de sexos puedes probar con una niña si quieres. Pero, lamentablemente, las muchachas suelen ser demasiado listas para esta clase de trabajos.)

2 Envía al muchacho lejos de casa, al hogar de otro caballero. (Evidentemente no puede llevarse a su mamá.)

3 Durante los cinco años siguientes, obliga al muchacho a hacer recados, servir la mesa y hacer otras labores de la casa. Será un «paje». (Ya puedes descartar a los chicos que intentan planchar las chuletas o meter al gato en el microondas.)

4 Cuando tenga 14 años, ya puede ser «escudero» y convertirse en el asistente de un caballero. También aprenderá técnicas de la caballería, como el cuidado y el manejo de armas, armaduras y caballos. (Sacar brillo a la armadura es una ardua tarea. Y dar lustre a un caballo todavía más.)

5 Cuando ya sea un experto guerrero entre los 18 y los 21 años es probable que ya pueda ser armado caballero. Para ello, en los primeros tiempos, se le golpeaba el pescuezo o el hombro con la hoja de la espada en posición horizontal. Esto solamente lo podía hacer un caballero. Procura no utilizar el filo de la espada, porque la sangre dejaría la armadura muy pringosa.

6 A partir del siglo XII el escudero tenía que asistir a una ceremonia religiosa para convertirse en caballero. La noche anterior a la celebración otros escuderos lo desnudaban y lo bañaban. (El agua fría es muy adecuada para un escudero. Si es demasiado quejica para bañarse en agua fría, lo despides y buscas otro.)

7 Viste a tu escudero con una túnica blanca y un manto escarlata, zapatos y calcetines negros. Ciñe su talle con un cinturón blanco. (Algún equipo de fútbol lleva camiseta rayada similar, pero no vale.)

8 Tu escudero debe ir a la iglesia de tu localidad, colocar sus armas en el altar y pasar toda la noche rezando. (Un escudero incapaz de mantenerse despierto toda una noche no puede ser caballero. Despídelo, porque seguro que querrás pasar algunas noches en vela.)

9 A la mañana siguiente, un sacerdote bendecirá la espada y la entregará al escudero. A continuación, éste pasará la espada al caballero que lo va a armar. El escudero se arrodillará y el caballero le dará un golpecito en el hombro con la espada. (Esta espada no hace más que ir de un sitio a otro, ¿verdad? Mejor sería sujetarla con una goma elástica.)

10 Ya tienes un caballero. Mándalo a matar dragones o a salvar a damas en peligro. (¡Mientras tanto, tú te corres la gran juerga!)

¿Sabías que...?
Había escuderos procedentes de familias tan humildes que no podían pagarse las armas y convertirse en caballeros, y tenían que ser escuderos toda la vida.

Caballeros por una liebre

No todo el mundo era armado caballero en una ceremonia especial. También podían recibir ese honor en el campo de batalla. Los señores feudales solían armar caballeros a los escuderos antes de la lucha, pronunciando las siguientes palabras: «Yo te nombro caballero».

En 1388, el ejército inglés se enfrentó al ejército francés en Vironfosse. Ninguna de las dos partes estaba preparada para la lucha. Al mediodía, una liebre cruzó corriendo el campo, delante de los franceses. Éstos montaron en sus caballos dispuestos a cazar la liebre. Los ingleses creyeron que iban a lanzarse al ataque, por lo que se apresuraron a armar caballeros a muchos jóvenes. El conde de Hainault armó a 14 nuevos caballeros en cinco minutos. Pero la batalla no se libró. Los 14 caballeros fueron conocidos con el nombre de los Caballeros de la Liebre.

¿Sabías que...?
Los normandos creían que sólo un caballero podía armar a otro caballero, pero un rebelde inglés llamado Hereward se hizo armar caballero por un sacerdote. Mostró tal valor al luchar contra Guillermo el Conquistador, que le perdonaron que fuese un rebelde. Los otros rebeldes fueron pasados por el *tajo*, y no me refiero al río, precisamente.

La Orden de la Jarretera

Actualmente el monarca del Reino Unido puede armarte caballero de un club muy especial: «La Orden de la Jarretera». (Una jarretera es una liga elástica que los *boys scouts* utilizan para sujetar los calcetines. Pero, en la Edad Media, las mujeres se ataban cintas en las piernas para sujetar las medias. Todavía no se había inventado la goma elástica.)

El rey Eduardo III decidió celebrar un Torneo de la Tabla Redonda en Windsor y crear la Orden de la Tabla Redonda, pero un suceso le hizo cambiar de idea.

1 EN 1347, EDUARDO III ASISTIÓ A UN BANQUETE CELEBRADO EN CALAIS.
ME APETECE BAILAR. ¿ME CONCEDÉIS EL HONOR, CONDESA?
¡QUÉ DESCARADO SOIS! ¡CLARO QUE ACEPTO!
2 Y EL REY BAILÓ CON LA CONDESA DE SALISBURY.
LLEVÁIS UN VESTIDO MUY LINDO, QUERIDA. OS HABRÁ COSTADO UN RIÑÓN.
¡Y UN BRAZO Y UNA PIERNA, EDU!
3 DE REPENTE SUCEDIÓ UN INCIDENTE.
¡OH! ¡HE PERDIDO MI JARRETERA!
¡YO NI LA HE TOCADO!
4 LA JARRETERA ESTABA EN EL SUELO.
¡JI,JI,JI!
¡ANDA! ¡QUÉ BOCHORNO!
¡ESTÁ ROJA COMO UN TOMATE!
5 EDUARDO SE DISGUSTÓ POR LA FORMA EN QUE SE COMPORTARON LOS COMENSALES.
¡QUÉ VERGÜENZA! ¡ME AVERGONZÁIS QUIENES CREÉIS QUE ESTO SEA VERGONZOSO!
6 Y ENTONCES HIZO ALGO EXTRAÑO.
¡SE HA PUESTO LA JARRETERA EN LA PIERNA!
¡SIEMPRE HE DICHO QUE ERA UN POCO RARILLO!

Y con este nombre ha perdurado hasta nuestros días. Los miembros de la Orden de la Jarretera tienen un lema: «¡Malhaya quien mal piense!» en su insignia, sólo que está escrito en francés: *Honi soit qui mal y pense*.

Pero, ¿es *cierta* esta historia? Antes, los historiadores se mostraban muy esnobs ante la historia de la condesa y de la jarretera. «Un cuento muy bonito para niños –se burlaban–, pero jamás tuvo lugar». Ahora ya no están tan seguros. Algunos historiadores creen que hay algo cierto en la historia.

Naturalmente, no se trata de *horribles* historiadores. Si lo fuesen no harían preguntas tan tontas como: «¿Es verdad? ¿Sucedió de veras?». Los *horribles* historiadores como tú y yo preguntarían: «¿Qué habría ocurrido si hubiesen sido sus bragas las que se hubieran caído al suelo? ¿Edu las habría recogido y se las habría puesto?». De ser así, ¿la Cámara de los Lores tendría actualmente 25 miembros de la Orden de las Bragas? ¿Sería su divisa: «Malhaya quien sus bragas pierda»?

No es posible realmente, porque en la época de Eduardo III, la gente no llevaba bragas. Pero, ¿qué otra cosa se le podía haber caído? ¿Un pañuelo sucio de mocos?

Extrañas órdenes militares

Esos clubes de caballeros recibían el nombre de «Órdenes» y fueron algo así como organizaciones de *boy scouts*, en las que todos los miembros llevaban la misma insignia, defendían los mismos ideales y se divertían juntos practicando actividades tales como simulacros de combates. (¡En estas luchas los caballeros eran casi tan patosos como las niñas guías!)

Si la actual reina Isabel II no te quiere convertir en uno de sus 25 Caballeros de la Jarretera, puedes crearte tu propia Orden y armar caballeros a tus amigos. Puedes inspirarte en las siguientes Órdenes europeas.

La Orden del Vellocino de Oro, fundada en 1429

Un copión francés llamado Felipe el Bueno no quería llevar una jarretera, por lo que fundó su propia Orden, la Orden del Vellocino de Oro. No hay noticias de que bailara con un cordero dorado, por lo que la Orden del Vellocino de Oro no tiene nada de especial, a no ser que a ti se te ocurra algo. Sus miembros llevan un cordero de oro en el cuello (¡No un cordero muerto, tonto, sino la imagen de un cordero!).

La Orden del Elefante, fundada en 1492

¿Qué explicación tiene que unos caballeros daneses formaran la «Orden del Elefante»? Tal vez sea para personas que nunca olvidan, o para gente que tiene la piel muy dura. O para aquellos que se pasan el fin de semana derribando árboles con la nariz. Afortunadamente, no tienen que llevar un elefante colgado del cuello.

La Orden del Cardo, fundada en 1687

La escocesa Orden del Cardo está formada por 16 miembros de la familia real. Tienen un lema en latín muy bonito y apropiado para profesores, hooligans del fútbol y perros rottweiler: *Nemo me impune lacessit.* Seguramente no necesitarás que te diga lo que significa, pero de todas formas lo haré: «Nadie que me toque queda impune».

La Orden del Baño, fundada entre 1399 y 1413

Esta orden británica había caído casi en el olvido hasta que Jorge I la desenterró y la desempolvó en 1725. Su divisa es *Tria juncta in uno*, que, como bien sabes, significa, «Tres en uno». ¿Tres *qué* en uno? ¿Tres hombres en la bañera? ¡Sería una bañera muy grande! Y en 1970 la reina Isabel II admitió a mujeres en la orden. ¿Le gustan los baños mixtos? ¿Te apetecería meterte en una bañera después de otros?

¿Qué Orden te gustaría inventar?

Los vengadores

Los caballeros sentían debilidad por las damas en peligro. Luchaban por cualquier mujer desgraciada, ¡incluso después de muerta!

En 1286 el duque de Baviera fue objeto de la venganza de un caballero después de morir.

1 EL DUQUE DE BAVIERA QUERÍA DESHACERSE DE SU ESPOSA.
¡SERÉIS EJECUTADA POR TRAICIÓN!
¡PERO SI SOY INOCENTE!
2 PESE A TODO FUE A PARAR AL TAJO.
¡SOY INOCENTE! ¡AY!
¡CHOP!
3 PARA CELEBRARLO, EL DUQUE ASISTIÓ A UN TORNEO.
¡TAL VEZ ME GANE UNA JOVEN Y GUAPA ESPOSA!
¡VAYA VIEJO VERDE!
4 PERO SE LLEVÓ UNA GRAN SORPRESA.
VUESTRA ESPOSA NO PUDO LUCHAR POR SU VIDA, ¡PERO NOSOTROS, SÍ!
5 LLEGARON CIEN CABALLEROS. CADA UNO LUCÍA UNA IMAGEN EN SU ESCUDO DE...
¡AY! ¡UNA MUJER DECAPITADA!
¡PARA QUE TODO EL MUNDO CONOZCA VUESTRA INFAMIA!
6 NO HUBO TORNEO Y EL DUQUE QUEDÓ AVERGONZADO.
¡LA DAMA HA SIDO VENGADA!
¡SÍ, PERO PREFERIRÍA ESTAR VIVA!

Esas testarudas mujeres normandas

Guillermo el Conquistador llegó con sus caballeros normandos a Inglaterra en 1066, pero tuvieron que dejar en su país (Normandía, Francia) a sus esposas. Guillermo, victorioso, recompensó a sus caballeros dándoles tierras. Esto fue un problema para los caballeros: dudaban entre quedarse y disfrutar de sus tierras en Inglaterra o regresar a Normandía junto a sus esposas.

El historiador francés Orderic Vital dijo que, en 1068, las mujeres sabían muy bien lo que los hombres debían hacer.

Algunas mujeres normandas se enfadaron tanto, que enviaron infinitos mensajes a sus esposos. En los mensajes les decían que, si no regresaban de inmediato, se buscarían a otros hombres. Los caballeros estaban confundidos. Sabían que si abandonaban a su rey y sus compañeros en un país enemigo, les llamarían cobardes, desertores y traidores. Por otro lado, no querían sufrir la vergüenza de que sus mujeres los reemplazaran por otros hombres.

¿Qué habrías hecho *tú* en su lugar?

Algunos de ellos, como Humphrey de Tilleul, decidió regresar a casa. Era el señor feudal de la nueva fortaleza normanda de Hastings, pero renunció a su puesto para regresar junto con su esposa. Las espadas sajonas no habían conseguido hacerle volver a Normandía. En cambio la carta de su esposa sí lo logró.

A Orderic no le gustaban demasiado las mujeres duras. Otro de sus relatos narra la historia de una poderosa mujer que terminó muy mal.

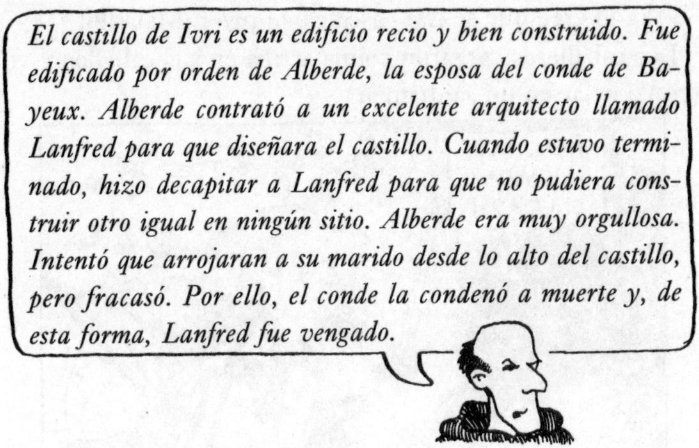

¡Como puedes ver, no solamente
los reyes y los soldados morían en los castillos!

Las narraciones de los trovadores

¿Dónde se inspiraban los caballeros? ¿Quién les dijo que era de valientes ir por ahí rescatando a las damas en peligro, matando dragones y buscando el Santo Grial, un tesoro de la iglesia?

Los trovadores lo pregonaban por todas partes, unos *cantantes* que entonaban largos poemas en los salones de los castillos y contaban historias de héroes como Roldán. Pero el héroe más popular fue San Jorge. Es el patrón de Inglaterra y de Cataluña. Casi todo el mundo conoce la historia de cómo San Jorge mató el dragón, ¡pero casi todo el mundo se equivoca!

San Jorge *no mató* un dragón. A continuación te presentamos la auténtica versión. Revela la verdad a tus profesores con esta sensacional narración trovadoresca.

Jorge y el Dragón

Los pobres habitantes de Palestina estaban aterrorizados. Un dragón se había instalado en una fresca cueva de las colinas y se pasaba el tiempo sacando humo como una hoguera húmeda.

–¡Ya lo creo que se irá! –aseguró el rey–. ¡Matadlo!

Los caballeros cargaron colina arriba en sus caballos y volvieron a bajar en un santiamén.

–¿Lo habéis matado? –preguntó el rey.

–¿Matarlo? ¡Casi nos mata a nosotros! –respondieron los pobres caballeros apesadumbrados–. Según parece, quiere un sacrificio.

–Pues enviadle unas ovejas –propuso el rey con un resoplido.

El dragón se zampó las ovejas con avidez y luego mandó a por más. Se comía las ovejas tan deprisa que los granjeros no tenían tiempo de engordarlas.

–He oído decir que a los dragones les gustan los niños –dijo la reina.

–¡Qué bonito! –respondió el rey.

–¡Quiero decir que les gusta comérselos!

–¡Eso ya no es tan bonito!

–Pero con un solo niño quedaría satisfecho toda una semana. Eso es más barato que sacrificar una docena de ovejas por día –canturreó la malvada reina.

Y el cobarde rey promulgó una nueva ley. A cada niño se le daba un número. Los viernes por la mañana sacaban un número de un sombrero que correspondía al desafortunado chico o chica.

Cada semana llevaban a uno ante la cueva del dragón y lo ataban a un árbol.

Y ésa fue la solución. Semana tras semana, los entristecidos padres veían como aquel enorme monstruo masticaba y se tragaba a sus hijos. Hasta que un viernes el rey preguntó:

–¿Quién es la afortunada familia esta vez?

Los criados, temblorosos, no se atrevían a responder, pero al final uno de ellos dijo:

–¡La vuestra!

–¿Cómo es posible? ¡Ninguno de nuestros hijos participaba en el sorteo! –se apresuró a decir la reina.

–La princesa tiene un número –respondió la criada–. Ella insistió en tenerlo. Dijo que era lo más justo. La princesa tenía el número 13 y hoy ha ganado... digo, ¡ha perdido!

–¡Hazla regresar! –chilló con rabia a su marido.

–¡Lo siento, querida! No puedo hacerlo –respondió el asustadizo rey.

–¿Por qué no? ¿Tienes miedo?

–¡Más que eso! ¡Estoy aterrado! Mira, busquemos a un héroe que sea suficientemente valiente para enfrentarse al monstruo –sugirió el rey.

–Pues date prisa –susurró la reina.

Por toda la ciudad corrió la noticia de que se buscaba a alguien suficientemente valiente para que, arriesgándose, venciera a la bestia y salvara a la pobre princesa. Fue entonces cuando un forastero llamado Jorge dio un paso hacia delante.

–Yo iré, alteza –anunció el valeroso Jorge.

–¡Buen muchacho! –exclamaron el rey y la reina–. ¡Toma, joven! ¡Aquí tienes la espada real!

–No necesito ninguna espada –respondió el joven–. Dios me acompañará y es mucho mejor que una pérfida arma. Iré desarmado. –Y se alejó hacia la colina.

–¡Qué heroico! –se admiró el rey–. ¡Lástima que esté como una regadera!

Pero Jorge se había armado de valor y llegó a la cueva justo a tiempo de ver a la aterrorizada princesa todavía con vida.

–¡Estoy salvada! –gritó la princesa, y entonces se dio cuenta de que el caballero no llevaba ni espada, ni escudo ni armadura–. ¡Lástima que esté majareta!

En ese momento el dragón salió de la cueva arrastrando su cuerpo. Se quedó perplejo mirando a Jorge.

El caballero se acercó a él y dijo:

–¡Eres un estúpido lagarto volador! ¿No sabes que nadie quiere a los monstruos fanfarrones?

El dragón emitió un gruñido espantoso.

–Estás solo en esta cueva húmeda. ¿Sabes por qué?

El dragón meneó su escamosa cabeza.

–Porque te comes a esos encantadores niños.

–¡Eso mismo! ¡Díselo! –le animó la princesa, pensando que después de todo Jorge no estaba tan loco y que incluso era guapo.

–Desde ahora vas a bajar a los prados –prosiguió Jorge–. Allí encontrarás un pasto delicioso. Comer hierba rica y tierna es mucho mejor que comer a esos desgraciados humanos.

–¡Además, en la hierba no hay huesos con los que te puedas atragantar! –añadió en seguida la princesa.

El dragón bajó la cabeza y se dejó llevar por el joven caballero desde la colina hasta los prados. Los habitantes de la ciudad miraban con ojos desorbitados el dragón vegetariano.

–¿Cómo lo conseguiste? –preguntaron todos.

–Jesucristo dijo que tenemos que amar al enemigo –respondió el joven.

–¿Quién es Jesucristo? –preguntaron nuevamente.

Entonces Jorge les habló de la fe cristiana. Los ciudadanos en una semana construyeron una iglesia y todos sus habitantes se convirtieron al cristianismo.

Naturalmente, la fama de Jorge se extendió por todo lo largo y ancho del país y se convirtió en un santo: el hombre que venció al dragón, no con la espada, sino con la razón y el amor.

El desafío caballeresco

¿Tienes madera de caballero? Se necesita algo más que saber montar a caballo y manejar una espada. Tienes que saber cómo comportarte. Si se hicieran exámenes de caballería, ¿los aprobarías?

1 Erneis de Orleans es un traidor. Lo descubres en la catedral el día de la coronación del rey Luis. ¿Qué haces?

a) Le clavas la espada hasta matarlo.

b) Le golpeas en la cabeza.

c) Lo dejas marchar.

2 Cuando se trataba de ganarse el amor de una mujer, a los caballeros les preocupaba la competencia de los sacerdotes. Los sacerdotes no deben tener novias, ya sabes, pero algunos más pillos las tenían. Puede que estés de acuerdo con un caballero poeta francés llamado Guillaume de Lorris, el cual decía que toda mujer que amase a un sacerdote debía:

a) Hacerse monja.

b) Llevar la cabeza rasurada como la de un monje.
c) Morir en la hoguera.

3 Los caballeros deben ir de caza para entrenarse a montar a caballo y en el manejo de las armas. Estás de acuerdo con el libro que Ramon Llull escribió a finales del siglo XIII, que afirmaba que uno debería cazar osos, leones y...
a) Conejos.

b) Dragones.

c) Campesinos.

4 El rey Eduardo I de Inglaterra ha organizado un torneo para que puedas entrenarte en la lucha. El monarca participará en él. No sería buena idea matar al rey, por lo que decides utilizar una espada de:
a) Caucho.
b) Acero embotado.
c) Hueso de ballena.

5 Durante la primera Cruzada, asedias Ascalon con más de mil soldados. Una brecha se abre en la muralla. Tus cincuenta caballeros tienen tres posibilidades. ¿Cuál elegirías?
a) Cuarenta caballeros se lanzan sobre la ciudad y los otros diez retienen al resto de tu ejército, por lo que los cuarenta se llevan la fama.
b) Primero haces entrar soldados de a pie y arqueros, y luego diriges a tus cincuenta hombres hacia la ciudad.

c) Cincuenta caballeros se precipitan sobre la ciudad en cuanto los soldados de a pie están preparados para seguirlos.

6 Eres el rey de Inglaterra y en 1274 participas en un torneo celebrado en Francia. En la contienda, el duque de Chalons logra avanzar hacia ti con la intención de derribarte del caballo. ¡Esto es hacer trampa! ¿Qué haces?

a) Resistir en la lucha e intentar derribarlo a él de su caballo.

b) Llamar a tus caballeros para que te saquen de encima a ese tipo tramposo.

c) Librarte de él y negarte a seguir luchando.

7 Eres el caballero andante Ulrich von Liechtenstein. (El deber de un caballero andante es recorrer Europa haciendo buenas obras.) Recibes un mensaje en el que se te hace saber que a una dama le extraña ver que tienes un dedo en particular, puesto que creía que lo habías perdido en un torneo luchando por ella. ¿Qué haces?

a) Cortar el dedo de un campesino y enviárselo a la dama.

b) Cortarte el dedo y enviárselo a la dama.

c) Mandar hacer una réplica de tu dedo en oro macizo y enviárselo.

8 Eres Ricardo II y llegas a Palestina. Descubres que los turcos musulmanes retienen a 1500 prisioneros cristianos así como un pedazo de la cruz en la que Jesús fue crucificado. Por otro lado, tú tienes 2700 prisioneros turcos. Has pedido que te devuelvan los prisioneros y el pedazo de cruz. Los turcos acceden a un intercambio de prisioneros. ¿Qué haces?

a) Intercambiar a 1500 turcos por los 1500 cristianos, pero te quedas con los 1200 turcos restantes hasta que devuelvan el pedazo de cruz.

b) Ofreces los 2700 turcos a cambio de los 1500 cristianos y luego ofreces 20.000 piezas de oro por el pedazo de cruz.

c) Dices a los turcos que se pueden quedar con la cruz y los 1500 cristianos. Luego masacras a los 2700 prisioneros turcos.

9 Eres el conde de Suffolk. Durante una batalla, un escudero te hace prisionero. Te horroriza descubrir que no es un caballero y esto para ti es una deshonra. ¿Qué le haces al escudero?

a) Pagarle para que no hable.

b) Armarlo caballero allí mismo.

c) Matarlo.

10 Eres Bernard de Cahuzac y discutes con un abad del monasterio de tu localidad. Cuentas con el apoyo de un pequeño ejército de caballeros. ¿Qué haces para convencer al abad de que cambie de opinión?

a) Incendiar el monasterio con él dentro.

b) Encerrarlo y someterlo a una dieta de pan y agua hasta que ceda.

c) Cortar las manos y los pies de sus monjes.

Respuestas: 1b) No tiene nada de malo matar a un traidor, aunque sea en una iglesia, pero no se debe derramar sangre en suelo sacro. El caballero francés Guillermo de Orange mató a Erneis de un puñetazo. Es evidente que su apellido no hace honor a las naranjas «sanguinas».

2c) A los sacerdotes no les estaba permitido casarse, pero podían ser unos verdaderos donjuanes. Pasaban mucho tiempo con las nobles damas. Cualquier mujer que se enamorara de un sacerdote debía ser quemada para dar ejemplo a las otras.

3a) Los caballeros solamente cazaban dragones en las leyendas. En la vida real, según Ramón Llull, los conejos eran una buena presa. Un hombre enlatado persiguiendo a un pobre conejito no es un buen argumento para una historia. Tenemos la leyenda de San Jorge y el Dragón, y en cambio no hay ninguna sobre el rey Arturo y el conejo de la suerte.

4c) En aquella época todavía no se había inventado el caucho, ¡bobo! Así que ponte el último de la clase si elegiste **a)**. Los 38 caballeros de Eduardo en el torneo de 1278 lucharon con espadas de ballena, una «armadura» hecha con cuero hervido (duro, pero ligero) y escudos de madera. ¡Muy listo ese rey Eduardo! Se acordó de que 20 años antes, en su primer torneo, dos caballeros murieron y otro sufrió lesiones en el cerebro. Se guardó el acero afilado y los derramamientos de sangre para los campos de batalla de Escocia y Gales.

5a) Gerald de Ridfort se cubrió de gloria. Al frente de sus cuarenta caballeros penetró por la brecha mientras el resto del grupo retenía a su propio ejército. Los cuarenta caballeros se llevaron la gloria. Esto es ser un caballero, pero también un gran estúpido, porque los cuarenta encontraron su tumba (y no la gloria) al ser masacrados. Los soldados que habrían podido salvarlos y podrían haber ganado la batalla estaban justo al otro lado de la muralla.

6a) El rey Eduardo luchó y derribó al duque al suelo. Los caballeros franceses, enfurecidos, querían una venganza sangrienta. Los soldados de a pie ingleses, al ver la amenaza, apuntaron con sus flechas a los franceses, que se vieron obligados a tranquilizarse. Desde entonces se estableció una regla que impedía a los caballeros poner la mano encima del contrario. ¡Podían utilizar una lanza, un hacha, una espada, pero no la mano!

7b) Ulrich era un caballero completamente majareta. Dicen que se cortó un dedo en honor a su dama. ¡Menos mal que la dama no oyó decir que había perdido la cabeza!

8c) Ricardo hizo ejecutar a los prisioneros turcos con espadas y lanzas. Naturalmente, los turcos luego masacraron a los soldados cristianos, decapitándolos. Ricardo no veía nada malo en matar turcos, ya que éstos no eran cristianos. El Papa decía que los caballeros podían matar a los infieles. Los prisioneros cristianos que fueron decapitados seguramente tendrían una opinión distinta.

9b) Muchos caballeros creían que solamente otro caballero podía hacerlos prisioneros. El caballero no tenía más que poner una mano sobre el hombro del hombre y decir: «Te armo caballero». Si se armaba caballero a un campesino de esta forma, se consideraba un agravio y el campesino era castigado, ¡aunque él no hubiese pedido ser armado caballero!

10c) No todos los caballeros eran gentiles, generosos y nobles. Algunos, como Bernard, eran unos fanfarrones que aprovechaban su poder para salirse con la suya. Claro que los caballeros, fieles a las reglas de caballería, no habrían aprobado la conducta de Bernard.

¿Sabías que...?

A finales de la Edad Media, una armadura completa podía costar el equivalente a 10.000.000 de pts. Los caballeros solían ser ricos señores, ya que solamente ellos podían permitirse estos lujos.

Tremendos torneos

Imagínate que te diriges a la escuela, llegas a un cruce y te encuentras con el matón de la escuela que detiene a todos los que pasan por allí y les dice: «¡Quiero pelear contigo!»

¿Qué haces?

¿Dices «De acuerdo», y te pasas el resto del día con la nariz sangrando sobre los libros, o dices «No quiero», arriesgándote a que te llamen gallina?

De esta forma empezaron los torneos. Los caballeros querían luchar. Cuando no tenían ocasión de hacerlo, salían en busca de peleas. Esperaban en los cruces y desafiaban a los jinetes a una lucha amistosa.

Hacia 1060, un caballero francés llamado Geoffrey de Preuilly convirtió estos desafíos en «torneos». Prácticamente inventó un nuevo deporte. Esto es algo muy peligroso y nunca deberías probarlo sin el permiso de tus padres.

En tiempos modernos, el hombre que inventó el *jogging* murió mientras corría.

¿Y qué crees que le sucedió a Geoffrey, el inventor de los torneos? Lo has adivinado: ¡Murió luchando en uno de ellos!

ADVERTENCIA. A los lectores de *Esa horrible historia*: Inventar un deporte puede perjudicar seriamente la salud.

Los caballeros aprovechaban los torneos para entrenarse en sus distintas disciplinas. Era algo así como si el campeón de boxeo de tu escuela acechara en los cruces y dijera: «Esta noche voy a participar en un combate de boxeo en la escuela. Necesito entrenarme para conseguir el triunfo. ¿Me dejas que te pegue unos cuantos directos en la cara». Naturalmente, tu dirías: «De acuerdo». ¿Verdad?

¿Sabías que...?

Los torneos gozaban de una gran popularidad. En 1140 la población de Lincoln asistió a uno celebrado en su localidad. También asistieron los centinelas de la ciudad. El conde de Chester, de este modo, pudo atacarla y conquistarla ¡con tan sólo *tres* soldados!

Esas alocadas contiendas

Los primeros torneos solían recibir el nombre de «contiendas», y eran peleas muy confusas. Los caballeros se dividían en dos equipos capitaneados por sus señores. Un equipo podía tener incluso doscientos caballeros.

El campo de juego, que medía varios kilómetros cuadrados, abarcaba campos, ríos y bosques.

El deporte que llamamos «boxeo» deriva de las luchas con los puños y, al igual que éstas, su objetivo es aplastar al rival. La diferencia es que actualmente existen los árbitros que impiden que se mate al contrario.

Los torneos convirtieron la *guerra* en un juego. Su objetivo seguía siendo apresar al caballero rival y pedir por él un rescate. No había árbitros ni jueces al principio, pero existían unas «zonas de seguridad» en las que un caballero derribado tenía la oportunidad de refugiarse y descansar.

¿Cuáles crees que eran las reglas?

Señala las reglas con las que tú estarías de acuerdo.

	Si	No
1. No juntarse con otros para atacar a un caballero.	☐	☐
2. No atacar a un caballero que ha perdido parte importante de su armadura.	☐	☐
3. No utilizar arcos, flechas ni ballestas.	☐	☐
4. No esconderse para preparar una emboscada a los rivales.	☐	☐
5. No tocar a un caballero en una zona de seguridad.	☐	☐
6. No atacar a un caballero que haya perdido su caballo.	☐	☐
7. No atacar a un caballero por la espalda.	☐	☐
8. No atacar a un caballero que agite una bandera blanca.	☐	☐
9. No lanzar golpes por debajo de la cintura con la espada.	☐	☐
10. No intentar matar a otro caballero.	☐	☐

¿Cuál ha sido tu puntuación?

Cuenta los «síes».

7–10 síes: Eres un miedoso. Olvídate de convertirte en un caballero y dedícate a la cestería.

3–6 síes: Débil. No durarías demasiado en una contienda.

2 síes: Eres un caballero si señalaste «sí» en las dos reglas clave, la número 5 y la 10. Los caballeros no podían tocarse en una área de seguridad y su objetivo no era eliminar al contrario, aunque muchos de ellos *morían* accidentalmente.

¡No había más reglas! Los caballeros atacaban a otros que se habían caído del caballo o habían perdido la armadura. A menudo se agrupaban para atacar a un solo caballero y utilizaban todas las armas que tenían a su alcance, incluso ballestas. *No había* golpes bajos ni tampoco banderas blancas para la rendición si la lucha se ponía demasiado dura. Las contiendas eran luchas muy violentas. *Casi* tan violentas como una pelea callejera.

A veces los caballeros se enfadaban un poquitín y la lucha por entretenimiento se convertía en una verdadera batalla en la que los caballeros acababan matándose entre ellos. *Igualito* que una pelea de gallos.

Esas joviales justas

Así como los torneos multitudinarios, también existían las justas, en las que participaban dos hombres ataviados con armadura y provistos de lanzas, con las que intentaban derribar al contrario.

En 1216, durante un torneo, caballeros franceses se enfrentaron a caballeros ingleses ataviados con chaquetas enguatadas en vez de armaduras y armados con lanzas ligeras en vez de las de guerra, para que nadie se hiciera daño y para demostrar que el torneo era «amistoso». El barón inglés Geoffrey de Mandeville murió en él. ¡Vaya amigos!

Los torneos servían para que los caballeros se entrenaran, pero las justas eran para divertir a los espectadores.

Las mujeres podían asistir a las justas para admirar a su amante (o a su caballero favorito). Lamentablemente, una mujer podía ser el premio. En una ocasión, un caballero alemán llamado Waltmann von Setenstete dijo que llevaría a una bella joven a Merseburg un día determinado. El caballero que lo venciera en una justa se quedaría con la armadura y las armas de Setenstete ¡y la joven! Acudieron caballeros de todas partes, pero Setenstete los venció a todos y él se quedó con la joven.

(*Nota*: Ofrecer a una joven como premio es una vergüenza, PERO, podrías organizar una carrera de sacos y ofrecer a la pesada de tu hermana pequeña como premio. Luego pierdes deliberadamente para que gane el más feo. ¡Así aprenderá esa mimada de su papá!)

¿Sabías que...?
Un caballero podía tener un ayudante, su escudero, que le podía llevar nuevas armas a la zona de la justa. Pero a veces los escuderos se dejaban llevar por sus emociones y utilizaban las armas contra los escuderos rivales. Se estableció una nueva regla según la cual todo escudero que llevara una espada a la zona de la lucha tenía que *sujetarla por el filo*. ¡Qué dolor!

Diez consejos para un torneo

Si en los torneos no se exigía más que el cumplimiento de dos reglas, resultaba fácil hacer trampa. Las justas tenían más reglas, pero aún así no era difícil engañar al árbitro para ganar.

Naturalmente, era un gran deshonor que lo atraparan a uno haciendo trampa. Los caballeros creían que era mejor perder con honor que ganar con engaños. Pero tú no eres un caballero y puedes jugar sucio, sólo un poquito, si quieres. Así que si alguna vez participas en un torneo o en una justa, hay algunos trucos que te podrían servir para ganar sin llegar a hacer trampa. Algunos caballeros poco honrados los utilizaron.

1 No entres en la contienda desde el principio. Espera a que los otros se cansen y entonces captura a unos cuantos caballeros agotados. Felipe de Flandes lo hacía muy a menudo, hasta que alguien se lo hizo a él y le venció.

2 Captura a un caballero herido al terminar el torneo, cuando los caballeros se van a cenar. William Marshal de Inglaterra lo hizo cuando un caballero, de regreso a su hogar, se cayó de su caballo y se rompió una pierna. William le apresó y pidió un rescate por él.

3 Hazte fabricar una armadura que pueda ser fijada a la silla de montar con tornillos. Los caballeros que lo hacían nunca se caían. Pero sus rivales se ponían furiosos. En el siglo XIV se

prohibió. En el siglo XV, lord Wells acusó a un caballero de estar sujeto a la silla con tornillos. Estaba equivocado y tuvo que humillarse y pedir disculpas.

4 Aunque según el reglamento se tienen que utilizar lanzas despuntadas, llévate una bien afilada a la contienda. En 1290, el duque Ludwig de Baviera murió cuando una lanza afilada le atravesó la garganta. ¡Un buen pinchazo para Ludwig!

5 Hazte hacer una armadura especial, con una guante de metal (guantelete) en el que la lanza quede bien sujeta, para que sea más fácil acertar el objetivo. Se promulgó otra regla que lo prohibía, pero tenían que pillarte en ello.

6 En una lucha de a pie con hachas, deja caer el hacha y abalánzate sobre tu oponente. Cuando él levante el hacha para atacar, desenvaina tu puñal y clávaselo debajo del brazo. En un

torneo de 1408, un caballero se lo hizo a su enemigo mortal. Para ellos, no se trataba de una lucha amistosa. Pero el rey logró detenerlo a tiempo. Otros no tuvieron tanta suerte.

7 Utiliza una lanza más larga y más gruesa que la de los otros. Los caballeros de Bohemia lo hicieron en 1310 y eran invencibles. Nadie quería luchar contra ellos, por lo que se enfrentaban entre sí.

8 En los torneos posteriores, ganabas puntos si, en una embestida, rompías la lanza contra el escudo del contrario. El caballero que rompía más lanzas era el ganador. El truco consistía en que tu lanza tuviera la punta tan frágil como el cristal para que se rompiera cada vez.

9 Sorprender a tu contrario mientras duerme. En 1242 el conde de Atholl derribó a Walter Biset de su caballo durante

un torneo. Entonces Walter esperó a que anocheciera para entrar sigilosamente en la tienda del conde y asesinarlo.

10 Hacer que tu contrario reciba una buena paliza. Una banda de escuderos armados con porras de madera pueden lanzarse sobre el rival cuando éste se dirija al torneo. Con unas costillas, las piernas y la cabeza rotas no podrá luchar tan bien.

¿Sabías que...?

Hacia el siglo XIV se introdujo una curiosa idea en los torneos. Los ganadores eran perdedores y los perdedores eran ganadores, del modo siguiente: cuantas más veces le derribaban a uno de su caballo y volvía a montar, más valiente era. Así que si a uno lo derribaban diez veces y volvía a montar otras tantas, era considerado increíblemente valiente. Si no te derribaban ni una sola vez, no habías podido demostrar tu valor.

Lamentablemente, esta idea ha perdido popularidad. De lo contrario, nuestro equipo de fútbol habría ganado el mundial, un burro ganaría el Gran Premio en el hipódromo y mi abuelita sacaría cada año el gordo de Navidad.

Luchas de campesinos

Las justas eran más entretenidas que los torneos porque eran luchas entre dos contrincantes. En una justa, un caballero podía lucirse, mientras que en un torneo se difuminaba entre la multitud.

Los campesinos (como tú y yo) podíamos asistir a las luchas entre caballeros, pero no podíamos sentarnos en la tribuna. De todos modos, podíamos deslizarnos por debajo de la tribuna, pero esto era algo peligroso si la tribuna se derrumbaba.

En Alemania, los campesinos celebraban sus propias justas, intentando emular a los caballeros. Éstos prohibían los torneos de campesinos, por lo que, probablemente, dichas competiciones resultaban todavía más emocionantes para los aldeanos.

¿Qué te parecería chinchar a unos cuantos caballeros organizando uno de esos torneos que tanto gustaban a los campesinos? Te sugerimos reunir a unos cuantos amigos y descubrir las emociones de un torneo, ciñéndote a las reglas de la caballería.

Necesitarás

- Como mínimo cuatro personas.
- Un espacio de unos 20 metros de largo por 4 de ancho, con una cuerda que lo divida por la mitad.
- Varias lanzas hechas con papel de periódico enrollado y terminados en punta (todas las picas deben tener la misma longitud) y varios escudos de medio metro de ancho, que puedes decorar con tus símbolos y colores preferidos. (Nota: puedes utilizar el escudo de armas de tu familia, si perteneces a la nobleza.)
- Gafas de submarinista (para que no te den en un ojo).

Reglas

- Dos personas harán de caballos y las otras dos de caballeros.

• Los caballeros montarán sobre sus caballos y se colocarán a ambos lados de la cuerda.
• Ante una señal convenida (por ejemplo, que una bella muchacha deje caer su pañuelo), los caballeros bajarán la lanza y sujetarán el escudo con la mano izquierda para protegerse el pecho.
• Ambos saldrán al ataque con el objetivo de golpear el escudo del contrincante con su lanza.

Puntuación

En el año 1465, al conde de Worcester se le ocurrió un sistema para puntuar que todavía sigue vigente:

- Derribar al contrincante de su caballo: 5 puntos.
- Romper (o doblar) la punta de la lanza: 1 punto.
- Golpear al caballo del rival con la lanza: 1 punto negativo.

Ganador/a

- Embiste tres veces a tu contrario y apúntate tantos.
- Cambiad el papel de caballo y de jinete y volved a la justa.
- Anotad los resultados y comprobad quién tiene más puntos.

Premios

- Cuando todos hayan luchado, los caballeros se duchan. Como premio, tienen derecho a un abrazo de su dama. (Los caballeros chicas recibirán un abrazo de su señor. Los caballos tienen derecho a abrazos de todos y a unos terrones de azúcar.)

Reglas extra

- Puedes hacerte unos yelmos con una «cresta» en la parte superior. La cresta puede ser un sector circular de cartón decorado con algún símbolo de tu familia. Por ejemplo, si tu apellido es Herrero, podrías dibujar un martillo de herrero; si te llamas Amor, podrías dibujar un corazón; y si te llamas Caraculo, mejor será que no dibujes nada.
- El conde de Worcester daba 5 puntos a los caballeros que tocaban la cresta del yelmo del contrario.

¿Sabías que...?

Cuando no había suficientes caballeros para entretener a los nobles, dejaban participar a los aldeanos en la lucha. Dos hombres de Gante, una ciudad de Flandes, participaron en un combate de lucha. Llevaban pantalones cortos y se cubrieron el cuerpo de grasa para que el combate fuese más emocionante. A continuación, lucharon en la plaza de la ciudad. Los señores y las damas de Gante ocuparon sus asientos en la tribuna para contemplarlo, como si se tratase de una justa. La lucha terminó cuando uno de los hombres murió. Fue una contienda cruel y violenta como las que libraban los gladiadores romanos mil años antes.

Tablas redondas

A medida que los torneos se iban organizando mejor se convirtieron en competiciones llamadas «Tablas redondas». Todo el mundo conoce la leyenda del rey Arturo y los caballeros de la Tabla Redonda. Nadie sabe a ciencia cierta quién fue el rey Arturo, ni siquiera si realmente existió, pero los caballeros vieron en él un buen ejemplo a seguir:

- Se sentaban alrededor de una mesa redonda donde todos eran iguales. Anteriormente, el rey y sus amigos más poderosos se instalaban en una mesa aparte.
- Vagaban por el mundo como «caballeros andantes», en busca de causas justas por las que luchar y damas a quienes ayudar.

- Tomaban parte en los torneos ataviados como los caballeros del rey Arturo (aunque el rey Arturo jamás habría intervenido en una justa con una lanza).
- Organizaban competiciones de la «Tabla Redonda» (la primera se celebró en Chipre en 1223), con justas y otros deportes.

Si quieres montar tu propia competición, prueba estos juegos que practicaban los caballeros, como por ejemplo:

Lanzamiento de piedras

Los participantes cogían una piedra grande y la lanzaban lo más lejos posible. El que la tiraba más lejos ganaba.

A lo mejor te recuerda al deporte moderno del lanzamiento de peso. Los geniales griegos ya lo jugaban dos mil años antes que los caballeros.

(Si eres demasiado débil para lanzar una piedra, puedes probar con un guijarro.)

Lanzamiento de picas

Los concursantes se colocaban detrás de la raya de salida. Cogían una pica y la lanzaban. Se señalaba el lugar en que la punta de la pica aterrizaba. Ganaba quien la lanzaba más lejos.

Seguro que te recuerda el lanzamiento de jabalina de nuestros días.

(Si eres demasiado canijo para lanzar una pica, desafía a tus esmirriados amigos al lanzamiento del lápiz.)

Premios absurdos

Los torneos se celebraban para ganar premios. Si hoy en día vas a un parque de atracciones, puedes ganar un oso de peluche o un perro de porcelana lanzando dardos o disparando la escopeta de aire comprimido. Los premios de los torneos eran algo más valiosos y un poco más originales.

En 1263 se celebró un torneo en Alemania cuyo premio era un árbol con hojas de oro y de plata. Si rompían la lanza del contrario, ganaban una hoja de plata, si lo derribaban de su caballo, ganaban una de oro. (¡Esos premios *sí* valían la pena!)

No era muy corriente ganar de premio una mujer, pero sí podías obtener lo siguiente:

- 1216, Londres. El premio era un oso. No resulta muy útil, a menos que quieras ser un domador de osos.

- Mediados del siglo XIV, Francia. Una espina de oro. Le ves la punta, ¿verdad?
- 1406, Italia. Un león de plata y un gorro de terciopelo. ¿Pero que haría un león con un gorro de terciopelo?

- 1330, Francia. Un buitre de oro. ¡Resultaría caro alimentarlo con semillas de oro!
- 1406, Italia. Un yelmo con la cabeza de un dragón de plata, dos alas de oro y muchas plumas coloradas, blancas y verdes. ¡Seguro que sentirías cosquillas con ese premio!

• Mediados del siglo XIV, Alemania. Un par de loros parlanchines. ¿Tal vez uno para cada hombro?

Por lo menos parece que algunos premios valían la pena. Al final de algunos torneos se celebraba una carrera de damas. Corrían hacia una mesa, «la distancia que alcanzaba un hombre con un lanzamiento de piedra». Encima de la mesa había un premio: ¡Un trozo de tela!

¿Sabías que...?

Enrique V era un fervoroso defensor de la caballería. Creía que no se debía matar a un caballero si se podía evitar. Y sobre todo, que un campesino *jamás* debía matar a un caballero.

El mozo de cuadra favorito de Enrique V era un campesino y, durante el cerco de Montereau, el joven sin querer mató a un caballero. Enrique podía haber recompensado al mozo por su valor durante la batalla, pero, en lugar de eso, lo hizo ahorcar por haber matado a un hombre de rango superior. ¡Vaya trastada para el pobre campesino!

Esas lúgubres iglesias

Para la iglesia, era correcto masacrar a millones de personas que no eran cristianos, pero no aprobaban los torneos, en los que los caballeros se hacían daño mutuamente para divertirse.

> La iglesia prohíbe esos detestables mercados y ferias en los que los caballeros se reúnen para demostrar su fuerza y coraje. En esos eventos mueren los hombres cuyas almas corren el peligro de ir al infierno. Todo aquél que muera en una de esas contiendas no podrá ser enterrado en suelo cristiano.

¡Así estaban las cosas! Si te morías en un torneo, no te daban sepultura en un cementerio. Pero esto no desanimaba a la mayoría de caballeros. La verdad es que *no esperaban* morir, por lo que no les preocupaba demasiado la amenaza de la iglesia.

El rey Ricardo I (Corazón de León) intentó eludir la prohibición de la iglesia vendiendo «licencias» para torneos en 1194. (Decía que la iglesia aceptaba sus organizadas contiendas.) Creó cinco campos oficiales para torneos en Inglaterra.

Los caballeros, al final de un día de justas, ansiaban un buen baño, un descanso y los arrumacos de una dama. Un sacerdote llamado Thomas de Cantimpre ya les advirtió que se llevarían una decepción. Y contó lo que les sucedió a un grupo de caballeros que hicieron caso omiso del llamamiento de la iglesia.

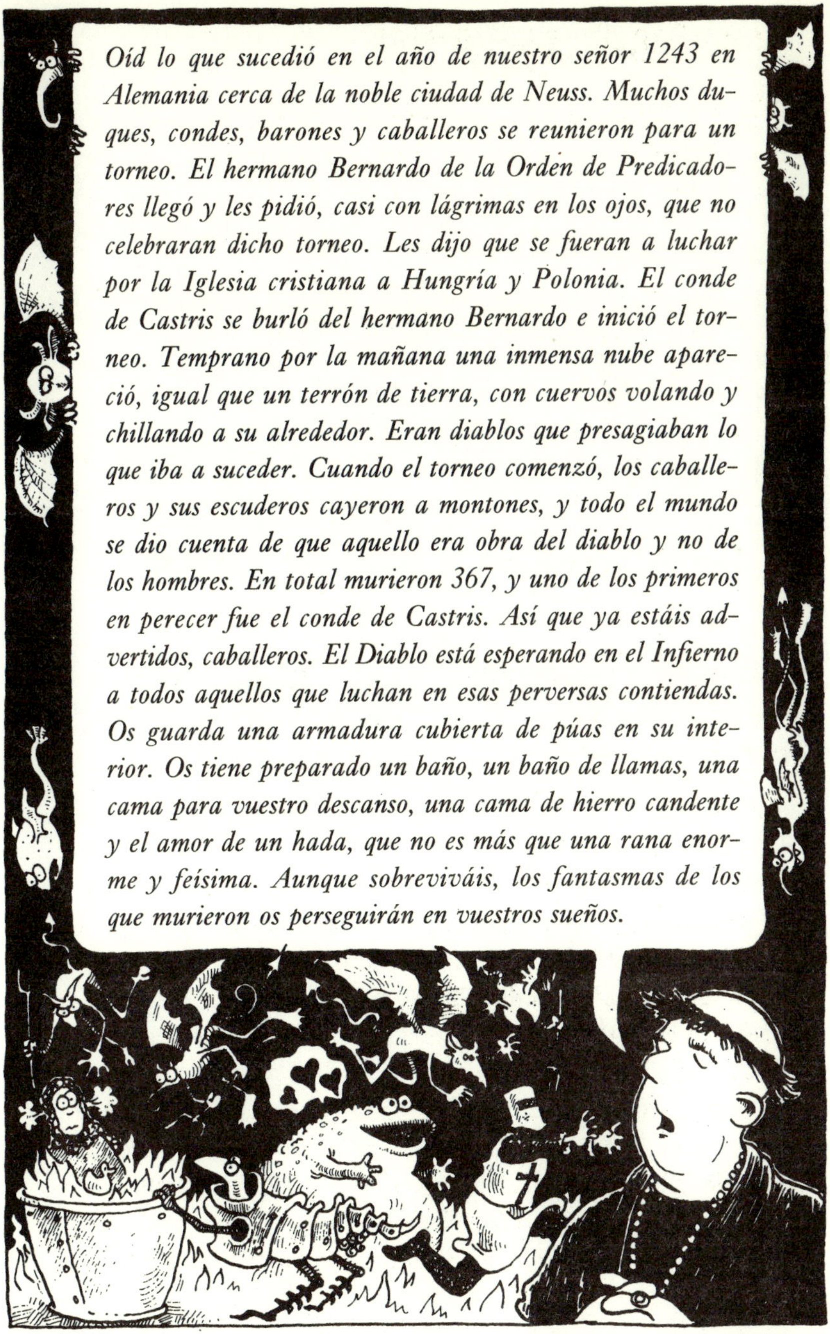
Oíd lo que sucedió en el año de nuestro señor 1243 en Alemania cerca de la noble ciudad de Neuss. Muchos duques, condes, barones y caballeros se reunieron para un torneo. El hermano Bernardo de la Orden de Predicadores llegó y les pidió, casi con lágrimas en los ojos, que no celebraran dicho torneo. Les dijo que se fueran a luchar por la Iglesia cristiana a Hungría y Polonia. El conde de Castris se burló del hermano Bernardo e inició el torneo. Temprano por la mañana una inmensa nube apareció, igual que un terrón de tierra, con cuervos volando y chillando a su alrededor. Eran diablos que presagiaban lo que iba a suceder. Cuando el torneo comenzó, los caballeros y sus escuderos cayeron a montones, y todo el mundo se dio cuenta de que aquello era obra del diablo y no de los hombres. En total murieron 367, y uno de los primeros en perecer fue el conde de Castris. Así que ya estáis advertidos, caballeros. El Diablo está esperando en el Infierno a todos aquellos que luchan en esas perversas contiendas. Os guarda una armadura cubierta de púas en su interior. Os tiene preparado un baño, un baño de llamas, una cama para vuestro descanso, una cama de hierro candente y el amor de un hada, que no es más que una rana enorme y feísima. Aunque sobreviváis, los fantasmas de los que murieron os perseguirán en vuestros sueños.

La verdad es que murieron 42 hombres en Neuss, no 367 como dijo Thomas. En esto se equivocó, por lo que tal vez también se equivocó en cuanto a la cama de hierro candente y lo del amor de la rana.

La iglesia finalmente dejó de prohibir a los caballeros que practicaran su deporte favorito.

La horrible batalla de Hastings

Guillermo el Conquistador, animado por el Papa, conquistó Inglaterra. El ejército normando llevaba el estandarte del Papa, e Inglaterra fue uno de los primeros países objeto de una «cruzada» cuando Guillermo de Normandía la invadió en 1066.

Al final de la batalla de Hastings, Guillermo se subió a la cima de la colina de Senlac y plantó allí el estandarte, pero antes tuvo que apartar los cadáveres de los defensores sajones. (En el estandarte probablemente habría escrito algo muy cristiano como «Amad al prójimo, pero matalo si se resiste.»)

Los normandos eran guerreros montados a caballo, pero no eran en absoluto tan caballerosos como los últimos caballeros. Al ver a Haroldo, el rey inglés, herido por una flecha en el ojo, se abrieron camino a la fuerza entre su guardia personal para terminar con él, lanzando su grito de guerra ¡*Dex aie!* que significa: «¡Con la ayuda de Dios!»

Dios no debía estar con él aquel día, porque cuatro caballeros normandos llegaron hasta donde estaba Haroldo. No dijeron «Primero tú, Jacques», ni «¿Haroldo, ¿te gustaría quitarte la flecha del ojo antes de que te desafiemos a una lucha justa?», ni tampoco «Cuatro contra uno. Esto no es justo».

El obispo de Amiens describió lo que sucedió a continuación.

El primer caballero normando le partió el pecho a Haroldo, hendiendo el escudo del rey con la punta de su espada. El chorro de sangre dejó la tierra empapada. El segundo caballero le cortó la cabeza por debajo del yelmo, el tercero le perforó el vientre con una lanza y el cuarto le cortó una pierna y se la llevó.

Eso sí que fue una mala faena.

Pero Guillermo el Conquistador era un poco más caballeroso. Cuando llegó junto a lo que quedaba del cadáver de Haroldo, vio que un caballero llamado Ivo estaba despedazando al rey muerto. Guillermo sintió tal repugnancia que expulsó a Ivo del ejército.

Esa horrible heráldica

Los caballeros tenían que vestir unos colores determinados para mostrar de qué lado estaban luchando. Era algo así como los distintos uniformes de los equipos de fútbol. Por ejemplo, en un torneo, los Blancos luchaban contra los Colorados.

Pero, además, cada caballero lucía los colores de su «familia». Esto indicaba al enemigo quién era quién y, en una batalla de verdad, eso era importante. De esta forma, sabían si eras lo suficientemente rico para pedir un rescate, o tan pobre que era mejor matarte allí mismo. En 1073, los caballeros no llevaban los colores de la familia y esto casi le costó la vida a un famoso.

Guillermo el Conquistador luchó en una ocasión contra su hijo Roberto para que aprendiera, como hacen siempre los papás. Roberto atacó las fuerzas de Guillermo y derribó a un caballero al suelo. Roberto levantó la espada para matarlo y, con la otra mano, le arrancó el yelmo. Entonces se dio cuenta de que era ¡su padre! No tenía intención de matar a su propio padre, pero casi lo hizo sin querer.

Al cabo de poco tiempo, las familias empezaron a lucir alguna insignia (la familia Agevin llevaba una rama de retama en el yelmo, por ejemplo). Otras decoraban su escudo con una insignia o un diseño de color.

Si se encontraban dos familias con los mismos colores, surgían problemas. En el siglo XIV, la familia Grosvenor lucía un escudo azul atravesado por una ancha banda dorada. La familia Scrope tenía otro igual. Durante años discutieron quién tenía más derechos sobre el escudo, un asunto importante tanto para las familias como para los enemigos. Al fin y al cabo, uno no quiere luchar con un Grosvenor cuando en realidad su enemigo es un Scrope, ¿verdad?

El asunto se zanjó en el Colegio de Blasones, en el que se guardaba un registro de todos los colores y las insignias de las familias (el escudo de armas). El registro era en francés, así que el escudo de armas de los Scrope/Grosvenor fueron *azure à bend d'or*, es decir «azul con banda de oro».

Los caballeros se reunían alrededor del estandarte de su jefe. Los banderines no servían solamente para agitarlos ante las cámaras de televisión. Eran muy importantes en la batalla y, en los torneos, representaban lo que las rayas de la camiseta en un partido de fútbol. Por los colores, los espectadores distinguían a los contendientes y, de ese modo, les podían enviar gritos de aliento.

¿Sabías que...?

Un caballero alemán llamado Max Walther iba a los torneos con una cresta muy extravagante en su yelmo: un pincho con tres salchichas.

Repugnantes rescates

Antes de que los ingleses lucharan contra los franceses en la batalla de Crécy en 1346, los caballeros no morían normalmente en las batallas, a no ser por accidente. Vivos eran mucho más valiosos. Si apresabas a un caballero, siempre podías pedir una fortuna por su rescate a sus familias.

No fueron los caballeros quienes inventaron el sistema de rescates. Empezaron alrededor del año 679 d.C., cuando un guerrero inglés llamado Imma fue apresado y encadenado. Pero, milagrosamente, las cadenas se le caían cada vez que sus enemigos intentaban apretarlas. Él les prometió ir a buscar el dinero para su rescate y que, si no lo conseguía, regresaría como prisionero.

Pero los rescates no fueron comunes hasta después de Guillermo el Conquistador. (Preferían encerrar a los prisioneros para toda la vida.) A finales del siglo XII, los rescates eran mucho más habituales.

Por otro lado, en algunas batallas desesperadas, los jefes ordenaban matar a los prisioneros. En 1214, en la batalla de Bouvines en Francia, para atacar a los caballeros, los soldados utilizaban un puñal de tres hojas que introducían en las ranuras de la armadura. En Aljubarrota, los caballeros prisioneros fueron asesinados, lo que fue considerado como una gran desgracia, y no porque tantos caballeros hubiesen muerto, sino porque los caballeros ingleses perdieron los 400.000 francos del rescate.

Crueles Cruzadas

Esos locos cristianos

¡La culpa la tuvo Gregorio I! Los primeros cristianos creían que la guerra era mala y que los cristianos no debían luchar. Hasta que a Gregorio lo nombraron Papa en el 590 d. C. y dijo:

Naturalmente, a los obispos no les estaba permitido derramar sangre (ni siquiera sangre pagana), por lo que iban a las batallas con unas porras grandotas y grasientas llamadas «mazas». Con una maza podían golpear a un infiel en la cabezota y matarlo sin derramar ni una sola gota de sangre. Incluso dos Pa-

pas salieron a luchar con sus ejércitos. Una nueva creencia se extendió entre los cristianos: «Ama a tu prójimo, pero dale fuerte con un palo si no tiene las mismas creencias que tú.»

Cuando aparecieron los caballeros, cinco siglos después de Gregorio I, tenían una excusa mejor para luchar: la guerra contra los enemigos del cristianismo y se conoció con el nombre de Cruzada.

El horrible trato de los turcos

En 1095, el Papa Urbano II decidió que era el momento más oportuno para que los cristianos conquistasen Jerusalén. Era su ciudad santa y estaba llena de turcos, que eran musulmanes. Lamentablemente, también era una ciudad santa para los musulmanes y no estaban dispuestos a entregarla sin rechistar.

Como se necesitaban hombres valientes para que expulsaran a los turcos de la ciudad, invitaron a los caballeros a luchar por el cristianismo.

El Papa no envió cartas en las que pedía voluntarios, sino que desde un púlpito anunció que Dios quería que los cristianos liberasen Tierra Santa de los turcos. Entonces recurrió al viejo truco de los provocadores de guerras de contar a la gente lo malo que era el enemigo. Urbano dijo:

Los turcos, para dar tormento con una muerte horrible a los cristianos, les abren el vientre, les arrancan las entrañas y las atan a una estaca. Arrastran a sus víctimas alrededor de la estaca y los golpean. Los matan mientras yacen en el suelo con las entrañas esparcidas. A algunos los atan a postes y los llenan de flechas. A otros les ordenan poner al descubierto su cuello y luego los embisten con sus espadas tratando de cortarles la cabeza de un solo golpe.

¡Y tú que creías que el profe de historia era duro!

Naturalmente, el Papa se limitaba a repetir lo que le habían contado. La mayor parte eran solo patrañas porque los turcos no eran peores que los cristianos. ¡En realidad, los soldados cristianos llegaron a ser *mucho peores*!

A lo que íbamos, los caballeros de Europa recibieron el mensaje. En todos los rincones del continente se enteraron. Las siguientes no fueron las palabras exactas, pero más o menos era esa la idea general:

CABALLEROS

¿Te aburres sentado en casa sin nadie a quien matar ni sin ninguna aventura que te haga hervir la sangre?
Ésta es tu oportunidad de cambiar tu vida.
¡Esta vida o la siguiente!

PODRÁS

- Unirte a un divertido viaje a tierras lejanas.
- Hacer amigos por toda Europa.
- Luchar contra infieles y matarlos sin infringir las leyes.
- Reservar tu plaza en la Gloria antes de morir.
- Regresar con tu familia y tus damas amigas convertido en un héroe.
- Saquear las casas de los paganos y hacer fortuna.

¿CÓMO?

- Alístate en la Santa Cruzada. Ponte una cruz en la túnica. Viaja a Jerusalén (sin volverte atrás). Expulsa a los turcos. Gana gloria y fama. Recuerda, muchacho: ¡Dios está de nuestra parte y no podemos perder!

Naturalmente, las Cruzadas podían traer algún que otro problemilla, como por ejemplo que te mataran o amanecieras muerto y entonces ¡te dieras cuenta de que Dios estaba de parte de los turcos!

Mientras tanto, a los campesinos europeos también los animaban para que fueran a Jerusalén. Un chiflado sacerdote llamado Pedro el Ermitaño dijo a todo el mundo que, si suficientes peregrinos llegaban hasta Jerusalén, Cristo volvería a la Tierra. Los miserables campesinos creyeron sus palabras y se pusieron en marcha.

No eran un ejército, sino una chusma. Entre los peregrinos de Pedro el Ermitaño había unos pocos caballeros, pero también muchas mujeres y niños. La muchedumbre, como una marabunta, saqueó todas las ciudades por las que pasaba.

Finalmente, cayeron en una emboscada de los turcos. Una princesa turca, Anna Comnena, a principios del siglo XII, narró el final sangriento de la cruzada de los campesinos.

Los caballeros franceses se lo estaban pasando mejor. Se lanzaron a masacrar a los pueblos que encontraban de camino hacia Tierra Santa. El problema era que se estaban cargando a *cris-*

tianos, ya que todavía no habían llegado a tierras turcas. Cuando finalmente se enfrentaron con los turcos, quedaron atrapados en un castillo sin agua y se vieron obligados a rendirse. Podían elegir entre convertirse al islam o morir.

Su jefe, Rainaldo, se convirtió al islam. Muchos otros prefirieron morir.

La horrible Antioquía

Hacia 1098, el grupo de cruzados más poderoso, cuyo jefe era Bohemundo I, había conseguido llegar a la ciudad de Antioquía en Tierra Santa. Había sido un largo y duro camino, e incluso el chiflado de Pedro el Ermitaño había intentado huir, pero el caballero Tancredo lo hizo volver a rastras.

Los turcos cerraron los accesos a la ciudad y los cruzados iniciaron el asedio. Podía haber durado mucho tiempo, pero los cruzados no iban sobrados de tiempo. Un ejército procedente de Mosul avanzaba hacia ellos. Tenían que entrar en la ciudad antes de que los turcos llegaran y los liquidaran.

Fue entonces cuando, al parecer, Dios se puso al lado de los cristianos, para variar. Tuvieron suerte tres veces. Primero, Bohemundo recibió un mensaje de alguien dispuesto a ayudar.

APRECIADO SR. BOHEMUNDO:

¡HOLA! NO ME CONOCÉIS, PERO YO SÍ OS CONOZCO. SOIS ESE CABALLERO ALTO Y RUBIO QUE DIRIGE A LOS CRISTIANOS, ¿VERDAD? PERMITIDME QUE ME PRESENTE. ME LLAMO FIRUZ. PERO NO QUIERO QUE NADIE SEPA QUE ESTOY ESCRIBIENDO ESTO, ASÍ QUE NO DIGÁIS A NADIE QUIÉN SOY.

(CONTINÚA)

SOY FABRICANTE DE ARMADURAS Y PODRÍA HACEROS UN CONJUNTO PRECIOSO. PERO NO OS ESCRIBO POR ESTO. ME DIRIJO A VOS PORQUE SOY EL JEFE DE LA GUARDIA DE LA TORRE DE LAS DOS HERMANAS DE ANTIOQUÍA. ES UN EMPLEO ASQUEROSO Y VUESTRO ASEDIO ME VA A MATAR DE HAMBRE. INTENTÉ ESCONDER GRANO, PERO MI JEFE ME DESCUBRIÓ Y ME MULTÓ. ¡ES UN CERDO MISERABLE! YO LO SORPRENDÍ EN LOS BRAZOS DE MI ESPOSA. ¡ES UN PERRO ASQUEROSO! A LO QUE IBA. NO PIDO DEMASIADO. SOLO VENGANZA. SI OS DEJO PASAR A VOS Y A VUESTROS HOMBRES POR MI TORREÓN, ¿ME PROMETÉIS QUE LO MATARÉIS?

OS SALUDA ATENTAMENTE

FIRUZ

(QUE DESEA PERMANECER EN EL ANONIMATO)

Firuz traicionó a Antioquía y dejó entrar a los cruzados. Aquella noche todos los hombres, mujeres y niños turcos (a excepción de Firuz) fueron asesinados.

Veinte mil cruzados entraron en la ciudad, pero habían sido tan eficientes en el asedio que no encontraron ningún alimento en ella.

Entonces llegó el ejército turco de Mosul.

Y esta vez fueron los cruzados los que quedaron sitiados y se morían de hambre. Y fue entonces cuando tuvieron su segundo golpe de suerte.

EL HERALDO DE ANTIOQUÍA

14 DE JUNIO DE 1098 1 ESCUDO

LANZA HALLADA MILAGROSAMENTE

Hoy, en la catedral de Antioquía, los cruzados han sido testigos del mayor milagro de este siglo. Hace cuatro días, el campesino Pedro Bartolomé se dirigió a los jefes de las Cruzadas y les reveló un secreto sepultado bajo el suelo de la catedral de Antioquía. Era la lanza que atravesó el costado de Cristo cuando colgaba de la cruz, hace 1098 años.

Al principio, los jefes no se mostraron dispuestos a creer al campesino, que tenía más fama de bebedor que de orador. Pero Pedro Bartolomé insistió en que excavaran el suelo de la catedral.

Una multitud de centenares de personas contemplaban cómo los hombres levantaban el suelo y excavaban la tierra. Cuando hubieron cavado un pozo tan profundo como un hombre, ordenaron que se detuviera la excavación. Fue entonces cuando Pedro Bartolomé, con gran

espectacularidad, saltó dentro del pozo vestido solamente con un sayo. «¡Rezad, cristianos! ¡Rezad!», gritó. Unos minutos más tarde dio unos gritos de júbilo y emergió con una lanza de hierro oxidado en la mano.

–¡Es un milagro! –dijo Adehmar, el representante del Papa, levantando la lanza–. Es una señal que nos indica que Dios nos ha dado su bendición. Tenemos que atacar al malvado enemigo de Mosul dentro de cuatro días y Dios nos concederá la victoria.

»Mientras tanto, tenemos que dar muestra de nuestra santidad. Tenemos que ayunar.»

Dado que de todas formas en Antioquía no hay alimentos para los soldados, su propuesta resultaba absurda. Pero nadie discute una señal del Cielo.

–Es la voluntad de Dios –dijo Bohemundo I, y éste el grito de batalla que los cruzados proclamarán cuando nuestros valientes muchachos salgan a enfrentarse al enemigo.

Adehmar ha prometido una recompensa a Pedro Bartolomé, si sobrevivimos al asedio, y le ha dicho que está seguro de que se ha ganado un lugar en el cielo.

El «milagro» podía haberse tratado de un truco ingenioso de sus jefes para que los hombres se decidieran a luchar. Si permanecían en la ciudad, estaban condenados a morir. Ya empezaban a comer cuero y estofado de corteza de árbol.

Cuatro días después, los lastimosos y debilitados cruzados salieron de Antioquía para enfrentarse a una muerte segura bajo las puntas de las espadas egipcias. Y fue entonces cuando tuvieron suerte por tercera vez.

Un historiador anónimo de la época escribió:

El ejército salió de la ciudad con tan sólo cien caballos vivos. Doscientos se quedaron con el duque Raymond, que estaba demasiado débil para andar. Los hombres avanzaban detrás de la Sagrada Lanza mientras los sacerdotes oraban en voz alta.

Y de repente, en las montañas, apareció un ejército innumerable de hombres montados en caballos blancos, cuyos es-

En realidad, el ejército espectral no era otro que un ejército turco, enemigo del ejército de Mosul, que había llegado en el momento oportuno para atacarlos. Por tanto, nada de santos ni de milagros.

En cuanto a Pedro Bartolomé, al cabo de un mes, unos normandos lo acusaron de ser un farsante. Él aceptó probar que era un santo cruzando una hoguera con la lanza en la mano. Atravesó corriendo la hoguera y sufrió graves quemaduras (Algunos dijeron que sus enemigos le volvieron a empujar hacia el fuego). Doce días después, murió.

Cruzados caníbales

Una plaga cayó sobre Antioquía en julio y el obispo Le Puy murió de la peste. Los cruzados avanzaron hacia Jerusalén, pero se detuvieron para tomar la ciudad de Maarrat en manos de los turcos. De nuevo ocuparon una ciudad desprovista de alimentos. Esta vez no desperdiciaron vidas humanas masacrando a los turcos. Tal como dijo el autor Rodolfo de Caen:

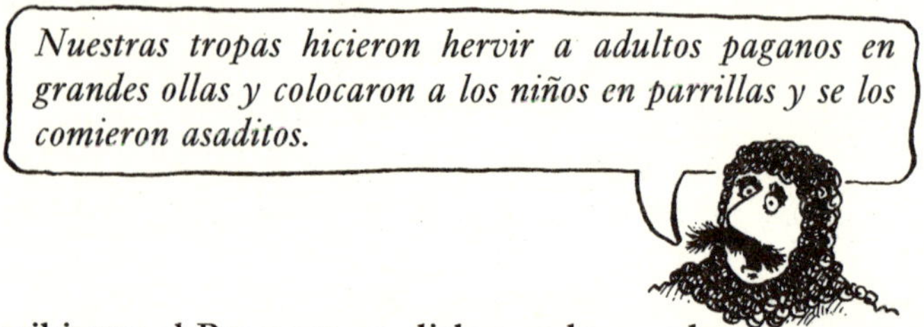

Escribieron al Papa para pedirle que los perdonara, ya que solamente habían comido hamburguesas de turco a la parrilla como último recurso, cuando el hambre los acuciaba. Así que no hubo más problema (comer hamburguesas de cristiano hubiese sido pecado).

Los cruzados treparon por las murallas de Jerusalén el 15 de junio de 1099, tres años después de que partieran de Europa.

Como de costumbre, masacraron a los turcos de la ciudad. Esta vez tenían otra excusa para despedazar los cadáveres. Muchos turcos se metían oro en la boca cuando luchaban contra los cruzados, para que éstos no pudieran apoderarse de él. Cuando se veían acorralados, se lo tragaban como si fuesen huchas humanas. No les sirvió de nada porque los cruzados se enteraron del truco y les arrebataban el oro de la forma más rápida: abriendo su estómago.

¡La Cruzada del Papa Urbano había sido un éxito! ¡La noticia llegó hasta Roma! Y seguro que imaginarás que el Papa Urbano se volvió loco de alegría. Pues no, se murió sin más. Partió hacia su morada celestial dos días antes de que llegara la noticia.

Cuando los turcos decidieron atacar de nuevo, enviaron una segunda Cruzada a rescatar a los primeros. Fracasaron. Entonces intentaron una tercera Cruzada con Ricardo Corazón de León a la cabeza. Ricardo luchó contra el sultán Saladino y, después de un gran derramamiento de sangre, también fracasó. Muchos turcos y cristianos sufrieron muertes horrendas, pues aquellas matanzas fueron totalmente inútiles.

Hacia 1291, unos 200 años después de la primera Cruzada, los cristianos perdieron su última ciudad en Tierra Santa.

¿Sabías que...?

Los turcos podían ser tan despiadados como los cristianos. En 1119, el cruzado conde Robert fue apresado en una batalla y lo presentaron ante el *atabeg* de Damasco. El *atabeg* desenvainó su espada y le cortó la cabeza. Por si esto no fuese suficientemente cruel, arrojó el cuerpo del cruzado a los perros, pero guardó su cráneo. Lo hizo incrustar de piedras preciosas y lo utilizó de copa para beber.

Monjes majaretas

Cuando la primera Cruzada hubo tomado Jerusalén, no tenían nada planeado para después. Los peregrinos que acudían a Jerusalén seguían corriendo peligro, por lo que nació una nueva clase de caballeros. Eran monjes que habitaban cerca del Templo de Jerusalén, por lo que se conocieron con el nombre de la Orden del Temple (Templarios).

Era una especie de club para tipos duros que se regían por unas reglas muy raras. No eran como los nobles caballeros amantes de las justas de Europa. Los Templarios eran muy serios (Serios con mayúscula).

1 Como en todos los ejércitos, tenían prohibido largarse sin permiso. Pero los Templarios tenían además una regla especial: tenían que salir de la Casa de los Templarios por la *puerta principal.* ¿Por qué? Para evitar que nadie saliera por la puerta trasera para irse de juerga.

2 Los otros caballeros participaban en los torneos. Los Templarios lo tenían prohibido.

3 Los otros caballeros cazaban venados y jabalíes. A los Templarios solamente se les permitía cazar un tipo de animal: el león.

4 No les estaba permitido ningún tipo de placer, como el juego, la bebida ni las mujeres. (¡Menos mal que no había ninguna regla que les prohibiera respirar!)

5 Los castigos a veces eran muy crueles. Podían ser sometidos a la esclavitud durante un año en el mismo monasterio y, a veces, los encerraban en las mazmorras para toda la vida.

6 Algunos de esos monjes estaban muy chiflados. Pensaban que era bueno pasar hambre de vez en cuando. Pero a veces exageraban en lo del ayuno y se debilitaban muchísimo. Y esto ya no es tan bueno si uno tiene que luchar en la guerra. En 1216, el obispo de Acre predicó a los Templarios lo siguiente:

Amigos míos, os voy a hablar de un Templario a quien le interesaba más el ayuno que la guerra. Una semana antes de una importante batalla contra los turcos, nuestro amigo se alimentó con tan sólo pan y agua. Cuando llegó el momento de ponerse la armadura, un amigo le ayudó a sujetársela. Embozado en la rígida armadura, no podía doblar las piernas. En esto tuvo suerte, porque de lo contrario se habría desplomado.

A nuestro tambaleante Templario le ayudaron a montarse en la silla cuatro caballeros que consiguieron sentarlo con la espalda erguida. Su caballo se dirigió hacia la batalla y él consiguió mantenerse sentado. Cuando llegaron al campo de batalla, avanzó trotando hacia el enemigo y sus huesos crujieron en el interior de la armadura, como si fuesen clavos en un cubo metálico.

Un enemigo cabalgó hacia el Templario y lo amenazó agitando su espada. El arma rebotó en la armadura con gran estruendo, pero el golpe derribó al Templario al suelo. Un amigo le ayudó a levantarse y a montar de nuevo.

Y siguió cabalgando. Esta vez una flecha rebotó en su peto. Pero la sacudida le hizo caerse de nuevo al suelo.

Nuevamente un amigo lo ayudó a levantarse, pero enojado le dijo: «¡Si te vuelves a caer, señor paniaguado, búscate a otro que te levante!»

Esos temibles Templarios

Los Templarios llegaron a poseer muchos castillos y riquezas en Tierra Santa y pronto empezaron a prestar dinero, porque les sobraba muchísimo.

Nunca pagaban rescates. Su Gran Maestre fue apresado en 1177 y los turcos pidieron un rescate. Los Templarios se negaron a pagarlo y el Gran Maestre murió en prisión.

Naturalmente, tarde o temprano tenía que aparecer alguien que ambicionara el dinero de los Templarios.

Éste fue el rey Felipe IV de Francia.

5
... Y RENDIR CULTO AL DIABLO. ¿CÓMO OS DECLARÁIS?
¡INOCENTE!
¡TORTURADLOS, A ÉL Y A SUS PÉRFIDOS CABALLEROS!
6
¿CÓMO OS DECLARÁIS?
¡AY! ¡CULPABLE!
7
¡PASARÁ EL RESTO DE SU VIDA EN LA CÁRCEL, Y DEBERÁN CONFISCARSE SUS RIQUEZAS!
8
PERO EN LA CÁRCEL, DE MOLAY MOSTRÓ TENER MUCHO VALOR AL CAMBIAR SU VERSIÓN.
¡LOS TEMPLARIOS Y YO SOMOS INOCENTES!
9
ESO ES CAMBIAR UNA CONFESIÓN, Y SÓLO EXISTE UN CASTIGO PARA ESA CLASE DE DELITO:
¡LA HOGUERA!

Datos sobre tácticas de guerra

Haz la vida imposible a tus padres. Ya que quieren que saques buenas notas en la escuela, diles que necesitas poner en práctica tus conocimientos sobre el arte de la guerra en la Edad Media y tortúralos con las siguientes preguntas:

¿Verdadero o falso?

1 Cuando un caballero ataviado con armadura se caía de su caballo, no se podía levantar para luchar.

2 Las escaleras de los torreones de los castillos suben siguiendo el sentido de las agujas del reloj.

3 Ricardo Corazón de León tenía una espada irrompible.

4 Los castillos sitiados se comunicaban con palomas mensajeras.

5 Los caballeros no siempre atacaban montados sobre sus caballos. A veces asesinaban a sus enemigos mientras dormían.

6 Las espadas se limpiaban con un trapo empapado en vinagre.

7 Si un bebé tenía que ser educado en el arte de la caballería, le servían su primer bocado con una cuchara de plata.

8 El cruzado compartía la tienda con su caballo.

9 En una ocasión un ganso guió a un grupo de caballeros.

10 Los arqueros, agotadas las flechas, tenían que esconderse detrás de los caballeros.

Respuestas: 1 Falso. La mayoría de armaduras permitían al caballero moverse con facilidad. Un caballero podía hacer un volteo y volver a montar sobre su caballo. Con tan sólo el peto, un caballero podía trepar por una escala, algo ciertamente difícil, pero la forma más segura de alcanzar la cima de las murallas de un castillo.

2 Verdadero. Si alguien te persigue por un torreón de un castillo, es más fácil para un espadachín diestro subir andando hacia atrás la escalera de caracol. Para un asaltante diestro resultaría más difícil. PERO, en algunos castillos, como el de Caerphilly, Gales, hay un par de escaleras cuya dirección es la contraria a la de las agujas del reloj. Si tuvieras que luchar para reconquistar tu propio torreón, tendrías que escoger una de esas escaleras.

3 Falso. El rey Ricardo que participó en la Tercera Cruzada quitó un halcón a un campesino (decía que sólo los señores podían usar halcones). Ricardo golpeó a un campesino con su espada en posición horizontal y ésta se rompió. Ricardo salvó la vida por los pelos. Las espadas tenían poco filo y eran frágiles, aptas para golpear, pero no para cortar.

4 Verdadero. Los cruzados aprendieron este truco de los turcos. Ataban los mensajes bajo la cola o las alas de las palomas, no en sus patas. Hay muchas anécdotas de palomas que aterrizaron en el campamento erróneo y transmitieron mensajes al enemigo, y de palomas a las que cambiaron los mensajes para engañar al contrario. En 1171, los turcos tenían incluso un equipo de relevos de palomas para llevar mensajes de un extremo a otro de su vasto imperio.

5 Verdadero. El 15 de abril de 1291, un grupo de caballeros Templarios penetró en un campamento turco. Según parece no se acordaron de que las tiendas normalmente están sujetas por vientos de cuerda. Un caballero tropezó con una de ellas y se cayó de cabeza en una zanja que los turcos utilizaban como retrete. Se ahogó en las aguas residuales. ¡Qué asco! El resto de los caballeros fueron apresados y ejecutados. A la mañana siguiente, ataron sus cabezas alrededor del cuello de un caballo y las presentaron ante el sultán. La batalla de Otterburn, en Inglaterra, en 1388, también empezó con un ataque nocturno y terminó con una vergonzosa derrota de los ingleses. Atacaron por error el transporte de pertrechos en vez de a los caballeros escoceses. Según parece, los aguerridos caballeros se confundieron en la oscuridad de la noche.

6 Verdadero. Guardaban las espadas en vainas, pero se oxidaban muy pronto. Los escuderos jóvenes probablemente debían pulir las espadas y las armaduras con vinagre. Metían la cota de malla en un saco con arena y vinagre, luego lo agitaban hasta que la cota quedaba limpia. (Nota: no funciona con las chaquetas de tu uniforme escolar, o sea que no lo pruebes.)

7 Falso. Si el bebé en el futuro tenía que ser caballero, el primer bocado se lo servían con la punta de la espada de su padre. Había que confiar en que al padre no le temblara el pulso al dar de comer al pequeño, o de mayor a lo mejor sería tragasables.
8 Verdadero. Además había caballeros que, bajo el calor de Tierra Santa, daban de beber agua a sus caballos antes que beber ellos.
9 Verdadero. En 1095, cuando la Primera Cruzada se puso en marcha, un grupo de peregrinos encontró a un ganso y creyó que era enviado por Dios. Entonces se pusieron a jugar a «seguir al rey» con él. Probablemente, cuando se les terminó la comida, jugaron a «comerse al rey».
10 Falso. Los arqueros también llevaban espada e incluso algunos de ellos iban a caballo. Cuando se les terminaban las flechas, atacaban con otras armas.

Sangrientos cañones

A menudo se culpa a los cañones de haber desbancado a los caballeros del campo de batalla, pero realmente no sucedió de este modo. El gran arco de guerra y la ballesta ya hacían mucho daño antes de que se inventara el cañón. La iglesia prohibió el uso de la ballesta en 1139 porque era cruel y mortal. Podía atravesar fácilmente la armadura de un caballero y matarlo. Era demasiado fácil y le quitaba gracia al «deporte» de la guerra.

Las primeras armas de fuego y cañones tenían poca potencia, comparados con los grandes arcos de guerra, las ballestas y las catapultas de los caballeros. Durante las Cruzadas, Ricardo I utilizó rocas de sílex en las catapultas, que se partían en astillas al tocar al suelo. Dicen que una de ellas mató a doce turcos en Acre.

Las balas de cañón no eran tan mortales. Y los cañones no

eran muy seguros. En 1460, en Escocia, un artillero tuvo que instruir a un recluta, a quien probablemente dijo:

El artillero gruñón

–¿Sabes cuántos años tengo, hijo? Treinta y siete. Y soy el artillero más viejo del ejército escocés. Incluso tal vez lo sea del mundo.

»¿Que por qué? Porque esto de la artillería es muy peligroso. Pero no pongas esta cara de preocupación, hijo. Yo cuidaré de ti. Con un poco de suerte, llegarás a los treinta años como yo. Cuando yo tenía tu edad, las cosas eran más seguras. Nos hacíamos la pólvora con salitre sin refinar. Ardía lentamente, ¿comprendes? El problema era que no daba suficiente impulso. A veces la bala apenas salía del cañón. ¿Y qué hicimos? Empezamos a utilizar salitre refinado y así empezó la diversión. Provocaba una fuerte explosión en el interior del cañón y expulsaba con fuerza la bala en un santiamén. Pero si la bala se atascaba, la explosión no podía expandirse y reventaba el cañón.

»Cogías la mecha candente, la acercabas a la recámara y ¡BUUM! Dedos por todas partes. Enterrábamos docenas de dedos. Mira, yo perdí dos de la mano derecha. ¡No pongas esta cara de horror o no serás jamás un buen artillero!

»Mis compañeros encontraron mis dedos y les dimos un entierro cristiano como Dios manda. Yo tuve suerte, porque hubo quienes perdieron una mano o un ojo. Aprendimos la lección. Desde entonces dejamos un reguero de pólvora hasta el oído de la recámara. Lo encendemos y nos alejamos a una distancia prudencial mientras se quema todo el reguero, por si el cañón explota. Desde entonces no me he quemado ni una ceja.

Pero yo estuve en el asedio del castillo de Roxburgh en 1460. Ya habrás oído hablar de él, supongo. ¿Ah, no? Pues te lo voy a contar. Teníamos la misión de practicar un agujero en las murallas del castillo, y el rey Jacobo II compró un cañón especial para nosotros. Lo trajeron desde Flandes y llevaba unos aros metálicos para que el cuerpo del cañón no se rajara.

»El rey estaba muy orgulloso del cañón. Lo llamaba «El León». Sí, tienes razón, un nombre muy ridículo. Ya sabes lo que hacen los leones: morder a todo aquél que se acerca a ellos. Pues Jacobo lo quería ver en acción. Así que lo llevamos ante las murallas del castillo y dejamos un largo reguero. Yo le dije a su majestad: «Cuando yo encienda el reguero de pólvora, os escondéis en la trinchera.»

»Él se echó a reír. El viejo tenía una risa deslumbrante.

–El León no explotará –aseguró–. Es el mejor cañón del mundo. Quiero verlo disparar. Quiero ver como se derrumban las murallas.

–Si me disculpáis –dije–, lo encenderé y me agacharé en la trinchera.

–Adelante –respondió, sonriente. No sé si te he dicho que tenía una sonrisa deslumbrante.

–Así que encendí el reguero. Oí la explosión y vi volar trozos de metal por encima de mi cabeza. El rey yacía allí, quietecito, como un bebé dormido, sólo que los bebés dormidos no ponen cara de sorprendidos. Y un bebé que duerme no tiene la cabeza abierta.

»Sí, ese día el cerebro real cubrió la hierba. El León había mordido a su dueño.

»¡Escúchame, hijo! Si vas a ser artillero, tienes que ser más duro. No puedes ir por ahí vomitando sobre las balas de cañón. ¿Qué? ¿Qué es eso de que vas a pedir que te trasladen al cuerpo de arqueros?

»No entiendo a los jóvenes de hoy en día. Son débiles como damiselas. ¡Más blandos que la cabeza del rey Jacobo después de que El León terminara con ella!

¿Sabías que...?

En 1450, Carlos VII de Francia alardeaba: «Yo soy quien tiene el mayor número de serpentinas, bombardas, cerbatanas mayores, pedreros, culebrinas y ribadoquines jamás reunidos en una colección». No estaba hablando de instrumentos musicales, ni de chaqués de satén ni de animalitos. Estaba hablando de los cañones de su ejército.

Sangrientas batallas

Brillantes guerreros

Los caballeros no se pasaban la vida encaramados a sus caballos celebrando torneos. Muchos de ellos llevaron una vida muy heroica. Éstos son algunos de los mejores lanceros y espadachines de la Edad Media.

1 Nombre: William Marshal
Vivió: en Inglaterra, 1144-1219

Famoso por: Cuando era niño, fue apresado por el rey Esteban. El monarca amenazó con arrojar el pequeño William al castillo de su padre con una catapulta gigante si su padre no se rendía. (Su padre no se rindió, pero William sobrevivió.)

Peor momento: Derribó de su caballo al príncipe Ricardo en un torneo. Pero el anciano rey murió pocos días después y Ricardo fue proclamado rey. William Marshal fue acusado entonces de intento de asesinato del nuevo rey. «Si hubiese querido mataros, lo hubiese podido hacer –protestó encogiendo los hombros–, pero no lo hice.» Ricardo le concedió el indulto. En una ocasión, William ganó un premio en un torneo, pero no estaba para recogerlo. Lo hallaron en la fragua de un herrero con la cabeza sobre el yunque: le estaban martilleando el yelmo para poder quitárselo.

2 Nombre: Bertran Du Guesclin

Vivió: en Francia, 1320-1380

Famoso por: Cuando se convirtió en caballero, dirigió un ataque y trepó por las murallas de Melún él solo y derrotó a los defensores abriendo el camino para que sus hombres entraran en la ciudadela. Además, rescató a su hermano pequeño de los ingleses ofreciéndose a luchar por él: venció al campeón inglés y ganó la libertad de su hermano.

Peor momento: Dado que era un niño muy feo, sus padres lo trataban como a un criado. Huyó de su casa y aprendió a luchar capitaneando una panda de rapaces.

3 Nombre: Eduardo, el Príncipe Negro

Vivió: en Inglaterra, 1330-1376

Famoso por: Apresó al rey Juan de Francia en la batalla de Poitiers y luego sirvió al rey en el banquete de la victoria. Dijo que era un honor servir a tan gran caballero, el rey Juan. El príncipe Eduardo era un guerrero muy valiente: en Najerilla, España, mandó a su ejército rodear una montaña para asaltar por sorpresa al enemi-

go. Funcionó, y los hombres del príncipe masacraron a sus adversarios.
Peor momento: Contrajo una enfermedad cuando estaba en guerra contra España y jamás se recuperó completamente. Era un personaje duro y solía masacrar a la población de las ciudades que tomaba. En su lecho de muerte, el obispo pidió al príncipe Eduardo que perdonara a sus enemigos como debería hacer todo buen caballero, pero Eduardo selló sus labios antes de ceder a tal petición. Al fin y al cabo, ya se estaba muriendo.

4 Nombre: Ulrich von Liechtenstein
Vivió: Baviera, siglo XIII
Famoso por: Se enamoró de su dama cuando tan sólo tenía doce años (según decía él). Entonces viajó por Europa como caballero andante y demostró su amor luchando contra todo el mundo. Lucía una peluca larga y rubia y ropas de mujer (con eso bastaba para asustar a cualquier adversario). En el «Tour de Venus» (así lo llamaba él), ofrecía un anillo de oro a quien fuese capaz de vencerle. Quien lo derrotara tendría que rendir homenaje a su dama y reverenciarla allá donde fuere. Ulrich aseguraba haber roto 307 lanzas.

Peor momento: Cuando se le hizo una carrera en la media en el momento justo antes de combatir. (¡Es broma, Ulrich!) Tuvo que regalar 271 anillos, o sea que no debía ser tan buen guerrero.

5 Nombre: Rey Eduardo I
Vivió: en Inglaterra, 1239-1307

Famoso por: Gran aficionado a los torneos y a la leyenda del rey Arturo. Promulgó leyes e introdujo orden en los torneos: se prohibió a los espectadores llevar armas con las que, anteriormente, solían matar a los defensores de sus adversarios. Eduardo aplicó sus habilidades en justas y en las batallas contra Gales, Escocia y Francia.
Peor momento: En su primer torneo en Francia, fue derrotado varias veces y, en cada ocasión, perdió caballo y armadura. Un tiempo después, aburrido durante un rato demasiado tranquilo en una batalla, desafió a un barón enemigo a una justa. Eduardo iba ganando, por lo que el barón enemigo intentó derribarlo de su caballo. Esto era hacer trampa, y los hombres del rey acudieron a ayudarlo y masacraron a los rivales.

6 Nombre: Godofredo de Bouillon
Vivió: en Francia, siglo XII
Famoso por: En Antioquía, Godofredo fue desafiado a un duelo por un caballero turco. Galoparon al encuentro y Godofredo, con su enorme espada, partió el cuerpo del turco por la mitad. El tronco del turco quedó en el suelo jadeando, mientras que la mitad inferior huía a toda velocidad en su caballo. Con otro de sus golpes mortales, Godofredo destrozó a otro

turco; la espada le atravesó la cabeza, el cuerpo, la silla de montar y el caballo.

Peor momento: En el sitio de Roma, fue el primero en abrir una brecha en las murallas. Estaba sudando a raudales por tales esfuerzos, pero en vez de beber agua, se dio un hartón de vino, lo que le provocó una fiebre que lo mató.

7 Nombre: Balduino I

Vivió: en Francia, 1058-1118

Famoso por: Como jefe de los cruzados, fue el primer rey cristiano de Jerusalén. Dirigió a una tropa de 200 caballeros en un ataque contra el ejército turco y se encontró con que estaba rodeado por veinte mil enemigos. La mayoría de ellos murieron, pero Balduino consiguió el caballo más rápido de la ciudad y pudo refugiarse en las colinas.

Peor momento: En otra batalla de las Cruzadas, se quedó solo con otros tres caballeros. Decidieron que lo más prudente era esconderse entre las cañas de un cañaveral. Los turcos no se molestaron en perseguirlos entre las cañas, sino que se limitaron a prenderles fuego. La cortina de humo le permitió huir, pero sufrió graves quemaduras.

8 Nombre: Rodrigo Díaz de Vivar, el Cid Campeador
Vivió: en España, 1040-1099
Famoso por: A ese gran guerrero español se le conocía con el apodo de El Cid, que significa «señor». Su animal favorito de compañía era un león y era invencible en las batallas contra los invasores norteafricanos, los moros. Contaban que en una batalla él sólo despedazó a 300 moros. En cuanto le veían, el enemigo huía (¡aunque tal vez lo hicieran al ver el león!)

Peor momento: El Cid soñó que moriría al cabo de 30 días. Ordenó que, después de su muerte, sus hombres sujetaran su cuerpo a su caballo de guerra para poder dirigir por última vez a sus hombres. Los moros oyeron que El Cid había muerto, pero cuando vieron su cuerpo cabalgando hacia ellos, creyeron que había resucitado y huyeron aterrorizados. ¡No es de extrañar! Como sus hombres no se atrevían a enterrarlo, lo dejaron en el trono durante tres años antes de darle sepultura.

A veces es difícil ser un héroe. En uno de los asaltos a Jerusalén, los cruzados no contaban más que con una escala para subirse a las murallas. Todos querían ser héroes y ser los primeros en trepar por la escala, a pesar de que el ejército turco los estaba esperando en la cima. Finalmente, Raimbaud Creton obtuvo tal honor. Subió por la escalera hasta arriba y colocó una mano en la almena. En el mismo instante le cortaron la mano. El precio que tuvo que pagar por ser un héroe fue no poder volverse a atar los cordones de los zapatos.

¿Sabías que...?

El cruzado Balduino I yacía moribundo en Egipto pero no quería que lo enterraran en tierra musulmana. Quería que lo llevaran de nuevo a Jerusalén de donde había sido rey. El problema era que su cuerpo se descompondría durante el viaje, por lo que dejó instrucciones para ser embalsamado.

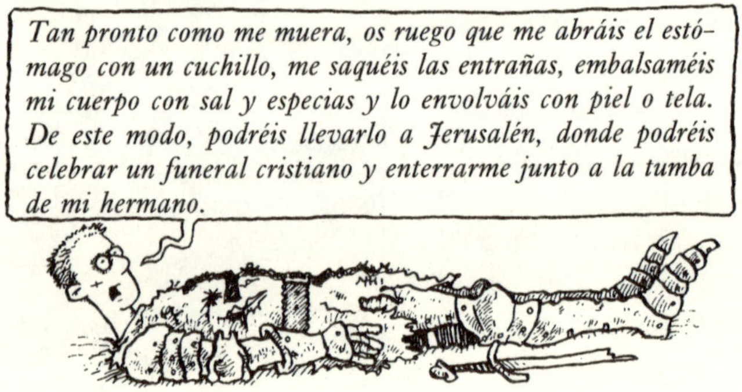

Para él fue perfecto morir en Egipto, porque estaba pidiendo que lo convirtieran ¡en una momia de la Edad Media! ¿Y quién tuvo que echar sal al cadáver? ¡Pues el cocinero del ejército, naturalmente!

Desagradables caballeros

Los caballeros luchaban en torneos para entrenarse. Era un entreno para batallas en las que nunca llegaron a luchar. Todos hemos visto caballeros en las pantallas de cine o de televisión. Se lanzan al ataque agitando estandartes y pelean contra el enemigo, pero esto casi nunca sucedía en las guerras de verdad de la Edad Media.

Lo cierto es que la guerra consistía más bien en cortar los suministros del enemigo, quemarles las cosechas de los campos y sitiar sus castillos hasta que morían de hambre.

Si se encontraban con el enemigo en campo abierto, era mejor para ellos no lanzarse sobre él, ya que eso significaba una derrota segura. Mejor era esperar a que el enemigo atacara. Los impacientes caballeros que se descontrolaban y atacaban primero, normalmente perdían la batalla. Por ejemplo, en 1187, Gerard de Ridfort atacó a una fuerza numerosa enemiga en Cresson. ¡Vaya héroe! Ciento treinta caballeros pretendían vencer a 7000. Gerard regresó con tan sólo dos. ¿Un héroe o un imbécil?

Ya ves por donde van los tiros, ¿no? Si te lanzas contra el enemigo, los caballeros de tu ejército se dividen y resulta difícil para ellos volver a reunirse para atacar de nuevo. Cada caballero acaba luchando solo y entonces es fácil derribarlo del caballo. Pero había caballeros decididos y hábiles que sabían luchar solos. Cuando uno se encontraba con un caballero así, mejor era irse a casa a tomar una taza de café, mientras masacraba a tus compañeros.

Robert Guiscard era un caballero normando al que uno no desearía tropezarse en una batalla. Un historiador escribió:

> *Daba golpes de espada magníficos a diestro y siniestro. Por todas partes se veían cadáveres humanos rajados de la cabeza a los pies y caballos partidos por la mitad junto a sus jinetes. Robert Guiscard vio que el enemigo estaba atacando a su hermano y se lanzó al ataque con un ímpetu feroz. Se abrió camino entre los enemigos con su lanza, cortando cabezas con su espada o desnucándolos con golpes horrendos de sus poderosos brazos. Tres veces lo derribaron de su caballo y otras tres recobró fuerzas y volvió a la batalla incitado por su propia ira. Hirviendo de rabia, les cortaba las manos y los pies. Ora separaba una cabeza de su cuerpo, ora rajaba un vientre y un pecho. También hundía su espada en las costillas de otros después de cortarles la cabeza. Al finalizar la batalla, todos estuvieron de acuerdo que nadie había luchado con tanta furia como él.*

¡Un tipo muy simpático! ¡Seguro que su madre decía de él que era un muchacho encantador!

Mujeres salvajes

¿Sabías que...?

1 Muy pocos sabréis que las mujeres también fueron a las Cruzadas junto con los hombres. En la Segunda Cruzada hubo mujeres que lucharon con los hombres, montadas en su propio caballo. ¡El historiador que escribió esto estaba perplejo ante aquel hecho!

2 Los cruzados solían llevar con ellos mujeres ancianas que realizaban principalmente dos tareas: una era lavar la ropa y, la otra, peinarlos y despiojarles la cabeza. Decían que lo hacían mejor que las monas.

3 En la Tercera Cruzada, muchas mujeres tomaron parte en el asedio de Acre. Atacaron a los turcos con enormes cuchillos y se llevaron a su casa las cabezas turcas, chorreando sangre.

4 Las mujeres que seguían a los cruzados se encargaban de suministrar agua a los hombres. Se arriesgaban muchísimo, porque si su ejército era derrotado, ellas serían convertidas en esclavas o en cadáveres.

5 Las mujeres cruzadas colaboraban en casos de emergencia a la defensa de la ciudad. Un historiador cuenta que una mujer que estaba ayudando en la construcción de una pared de adobe, fue herida por la jabalina de un turco. Al morir, pidió que la enterraran en la pared de tierra. Dijo que de este modo su cuerpo formaría parte de las defensas de la ciudad.

6 Las mujeres que se quedaban en casa tenían la difícil tarea de sacar adelante la casa o el castillo. Al principio, podían oponerse a que sus maridos fueran a la guerra (los votos matrimoniales eran muy importantes). Pero, en el siglo XIII, el Papa Inocencio III afirmó que la Guerra Santa era más importante

que el matrimonio. Una mujer no podía impedir que su marido fuera a luchar.

7 Una mujer cuyo marido hubiese desaparecido no siempre sabía si estaba vivo o muerto. Si había fallecido, podía casarse de nuevo. Si nadie sabía lo que había sucedido, los jueces fijaban un límite de tiempo. Unos tribunales establecían que una mujer podía casarse si su marido había permanecido desaparecido durante cinco años, pero había otros que fijaban el límite en ¡cien años!

8 La mujer soldado más famosa fue, sin lugar a dudas, Juana de Arco. Esa joven aldeana francesa oía unas voces que le dijeron que se pusiera una armadura y dirigiera al ejército francés en la lucha contra los invasores ingleses. Alcanzó muchos éxitos sorprendentes, pero finalmente fue apresada por los ingleses.

9 Los ingleses no podían ejecutar a un prisionero de guerra, no hubiera sido caballeroso. Por esto dijeron que las voces que había oído Juana no eran de ángeles sino de demonios. Juana no era una santa, ¡sino una bruja! ¿Qué hacían con las brujas? ¡Quemarlas! En 1421, la heroína de veinte años fue quemada en la hoguera.

10 Fue una mujer quien defendió su castillo del modo más original. En 1461, lady Knyvet tuvo que defender el castillo de Buckingham, en Norfolk. Se asomó por la ventana de una torre y gritó a los asaltantes: «Si intentáis asaltar el castillo, lo defenderé. Prefiero morir defendiéndolo que rendirme. Mi marido lo dejó todo a mi cargo y, si lo pierdo, él me matará de todas formas.» El asaltante, sir Gilbert de Debenham, desistió y se alejó.

Cartas desde el frente

Ciertas batallas fueron tan importantes que transformaron el modo de luchar de los caballeros, los cuales, de ser unos superhombres invencibles, pasaron a ser unos maniquíes enlatados que podían ser fácilmente derribados y acuchillados.

Poca gente, a parte de los monjes, sabía escribir. Incluso reyes como Guillermo el Conquistador jamás se preocuparon de aprender. ¡Qué lástima! Si los soldados hubiesen anotado sus experiencias en las batallas más sangrientas, habrían dejado unos relatos históricos horribles. Habrían escrito algo así como:

Crécy, Francia, agosto de 1346

Querida mamá:

Sólo unas líneas para decirte que estoy bien. Probablemente habrás oído hablar de esta terrible batalla de Crécy. ¿He dicho batalla? Mejor diría una matanza. Hay sangre por todas partes. Creo que los ingleses sólo contaban con 20.000 hombres, frente a los 40.000 de los franceses. ¡Teníamos que ganar sin ninguna dificultad! Seguíamos el plan de siempre. Teníamos que disparar las ballestas contra los caballeros ingleses, cuando éstos se hubiesen alineado. Luego, nuestros caballeros tenían que lanzarse al ataque y eliminarlos. ¡Pan comido!

El problema fue que los ingleses hicieron trampa. Los caballeros no se prepararon para el ataque, sino que se quedaron plantados allí y esperaron a que nosotros, los franceses, atacáramos primero. Vi al Príncipe Negro allí delante y juraría que se estaba riendo.

A lo que iba, nuestros jefes franceses nos obligaron a atacar primero con nuestras ballestas, y fue entonces cuando la suerte nos dio la espalda. Empezó a llover. Y no caía una llovizna, sino que llovía a cántaros. Ahora que me acuerdo, mamá, espero que no te olvides de dar de comer a mi gatita. La echo mucho de menos.

Así que avanzamos por el barro intentando derribar a los caballeros con las flechas. ¿Qué sucedió? Las cuerdas de nuestros arcos estaban mojadas y destensadas. Incluso un gato podría alcanzar más lejos con sus vómitos que nuestros arcos aunque, de todas formas, no nos habrían servido de nada. El sol salió, nos dejó ciegos y no pudimos ver al enemigo. Además, nos quedamos sin saetas para las ballestas, así que no pudimos causar muchas bajas.

Fue entonces cuando los ingleses hicieron trampa. Tenían grandes arcos de guerra galeses, cuyas cuerdas no se habían mojado con el chaparrón y empezaron a lanzarnos flechas. Los grandes arcos de guerra disparan más flechas que las ballestas, aproximadamente una cada diez segundos. No alcanzan tan lejos como una ballesta, pero duelen muchísimo. Por supuesto, nosotros dimos media vuelta y echamos a correr.

¡Nuestros caballeros estaban furiosos! Nos llamaron soldados cobardes e intentaron atravesar las filas inglesas. El problema fue que los ballesteros no habíamos tenido tiempo de quitarnos del medio, por lo que nos arrollaron para abrirse camino. ¡Nuestros propios caballeros nos derribaban! Los pocos que sobrevivimos estábamos muy enojados ¡te lo aseguro! Incluso casi nos alegramos cuando los grandes arcos de guerra mataron a cientos y cientos de nuestros malditos caballeros franceses. Yo los contaba, mamá, y te aseguro que cargaron quince o dieciséis veces. Tuvieron que atacar a través del barrizal que la lluvia había dejado. Si conseguían cruzar el barrizal y la nube de flechas, entonces los caballeros ingleses los derribaban de sus caballos.

En cuanto al rey Juan de Bohemia, ¡vaya héroe! ¡Un idiota rematado! Como ya sabes, está más ciego que un topo. Así que se ató a un caballero por cada lado y se lanzó al ataque. No sé lo que pensaba conseguir. Era un suicidio. Pero este viejote no me da pena. Pagó a un médico para que le curase la ceguera. Como el médico no lo consiguió, el rey Juan hizo que lo metieran en un saco y lo arrojaran a un río para que se ahogara.

Pero volvamos a la batalla. Al anochecer, todo había terminado. Emprendimos la desagradable tarea de llevarnos a los heridos y enterrar a los muertos. Creo que fueron en total unos 10.000. Los miserables ingleses solamente tuvieron que enterrar un centenar. Algunos se lo tenían merecido. Naturalmente, lo de enterrar tiene sus compensaciones. Uno no puede sepultar a un hombre con su bolsa y sus bienes, ¿verdad? Cuando regrese a casa te traeré unos regalos preciosos.

Y hablando de regalos, yo ya sé cuál me gustaría. Quiero uno de esos grandes arcos de guerra galeses. Perdí mi ballesta en alguna parte del campo de batalla y no tengo ganas de volverla a ver.

Espero poder regresar pronto, mamá. No te olvides de dar de comer a la gata.

Tu hijo que te quiere,

Ernesto XXX

Si los franceses cometieron un error en Crécy, cometieron otro peor en Poitiers, casi setenta años más tarde. En Agincourt, en 1415, un numeroso ejército francés podía haber sitiado al reducido ejército inglés y someterlo por hambre hasta que se rindiera. Pero, en cambio, decidieron atacar. Después de la lección de Crécy, decidieron que sus caballeros debían atacar ¡a pie!

El ejército inglés los esperó y diezmó a los numerosos caballeros franceses. Éstos no lo comprendieron. Se podía *defender* una batalla a pie, pero ¡no se podía *atacar* andando!

Los caballeros con armadura fueron derrotados por los arqueros y por rápidos soldados montados a caballo. Los caballeros siguieron luchando en espectaculares torneos, pero después de Agincourt, jamás volvieron a ser los dominadores de los campos de batalla.

No era la primera vez que los caballeros con armadura habían sido vencidos en una batalla. Probablemente esto fue lo que sucedió en Escocia, en 1297.

Stirling Bridge, Escocia
Querida mamá:

¡No te lo creerás, pero hemos vencido a los ingleses! Empieza a preparar el porridge*. *Pronto estaré de regreso.*

¿Que el rey inglés quiere apoderarse de Escocia? Tendrá que pensárselo otra vez después de la gloriosa victoria de hoy. Y fuimos los soldados de infantería como yo los que derrotamos a esos engreídos ingleses con sus brillantes armaduras.

Naturalmente, nosotros no contábamos con muchos caballeros porque el rey Eduardo de Inglaterra los había encerrado a todos. Pero el escocés William Wallace es un jefe muy listo, y nosotros somos los soldados más valientes de la tierra. Dicen que los ingleses tenían 10.000 hombres, el doble que nosotros. Pero el inteligente Wallace nos hizo colocar en un extremo de Stirling Bridge, un puente muy estrecho, por el que sólo pueden pasar dos caballeros al mismo tiempo. ¿Qué hicimos?

Pues les dejamos cruzar el puente, al menos a la mayoría de ellos. Luego bajamos corriendo, con nuestros kilts (faldas escocesas) al viento, el pecho al descubierto y gritando, y llegamos hasta ellos antes de que tuviesen tiempo de prepararse para el ataque.

Los ingleses nos machacaban con hachas de guerras, mazas y espadas; pero nosotros teníamos picas largas, los derribamos de sus caballos y les hundimos la espada por los resquicios de su armadura. Se quedaban tumbados bocarriba pataleando como escarabajos.

Entonces su jefe se asustó y obligó al resto de sus caballeros a cruzar rápidamente el puente. ¡Pero eran demasiados, mamá! El puente se hundió y se cayeron al agua y se ahogaron. Y los que ya habían cruzado no pudieron volverse atrás. Un caballero en el agua es como una mosca en la sopa.

Varios de sus soldados de a pie se salvaron nadando, pero los caballeros fueron sacrificados como corderos en el matadero.

Tengo trozos de armadura para enseñarte, mamá, pero Wallace se ha llevado el mejor premio. Tiene el cadáver del tesorero del rey Eduardo, Hugh Cressingham. Wallace dice que se hará una vaina para su espada con la piel del desgraciado. ¡Ojalá pudiera yo tener una igual!

No es que la necesite. Inglaterra no se atreverá a atacar de nuevo a los bravos escoceses mientras Wallace viva. Los señores lo han nombrado «Guardián de Escocia».

Procura que el porridge quede bueno y espeso, mamá, porque matando le entra a uno mucha hambre.

Tu querido hijo,

TOM x

Pero Eduardo I tomó a su cargo el ejército inglés y partió para vengarse de Wallace.

En Falkirk, en 1298, los caballeros ingleses atacaron a los lanceros escoceses. Los escoceses se mantuvieron hombro con hombro y los caballeros ingleses no pudieron abrir brecha. Esto también sucedía por primera vez. Jamás unos soldados de a pie habían logrado detener un ataque de caballería.

Pero aquel grupo de arqueros tan compacto tenía un punto débil: resultaban un blanco perfecto para los arqueros ingleses. Cuando una lluvia de flechas cayó sobre los escoceses, parecían «frutas maduras de un árbol esparcidas por el suelo. Sus cuerpos cubrieron el suelo como la nieve del invierno.» Así fue cómo describió posteriormente un historiador la matanza.

El segundo ataque de los caballeros los deshizo.

Siete años más tarde, William Wallace fue delatado ante los ingleses. Fue juzgado en Londres y lo ahorcaron hasta que quedó medio muerto. Luego lo descolgaron cuando todavía estaba con vida, lo decapitaron y descuartizaron. Su cabeza «decoró» el puente de la Torre de Londres, y cada una de las cuartas partes de su cuerpo fueron exhibidas en los castillos de Newcastle, Edimburgo, Berwick y Perth.

¡Una muestra nauseabunda de lo que le pasaría a todo aquel que se rebelara contra Eduardo I!

¿Sabías que...?

Muchas de las batallas de la Edad Media se ganaron gracias a los arqueros y no a los caballeros. Cada bando empezaba la batalla llenando el aire de flechas. Cada arquero procuraba tener siempre seis flechas en el aire.

Para poder disparar más deprisa, tenían las flechas preparadas, clavadas en el suelo con la punta hacia abajo.

Naturalmente, de esta forma las puntas de las flechas se ensuciaban. Si el enemigo sobrevivía a la herida de la flecha, podía morir unos días más tarde por infección. La regla de oro durante un ataque con flechas –por ambos bandos– era «No mires hacia arriba».

En un principio, los arqueros utilizaban «flechas de largo álcance», provistas de largas astas y que alcanzaban distancias de más de 200 metros. Más adelante, cuando el enemigo estaba más cerca, utilizaban «flechas de haz», que eran más cortas y podían perforar la armadura del caballero.

La peor tarea en un campo de batalla era la del «recogedor», que no tenía nada que ver con las basuras. Era un soldado encargado de recoger las flechas útiles del suelo en el campo de batalla. ¡Algo peligroso!

Las tribulaciones de los caballos

El mejor amigo de un caballero era su caballo. Un caballo valiente y rápido resultaba muy útil en los torneos. Por supuesto, se necesitaba más de un caballo. Y tenías que andar con cuidado de no perder en un torneo, ya que el contrincante, como premio, solía quedarse con tu caballo y tu armadura.

Ser un caballero podía ser emocionante y glorioso, y podía proporcionar grandes recompensas, pero ser el caballo de un caballero podía ser *horrible*. Un caballero que golpeara un caballo en un torneo podía quedar descalificado, pero esto no era ningún consuelo para el caballo al que le habían clavado un metro o dos de lanza en el pecho.

Busca algún aficionado a la hípica de tu escuela y asómbralo con los siguientes horribles datos:

1 A veces a los caballos eran entrenados para que lucharan con los cascos y con los dientes, lo que resultaba muy útil en la batalla. El problema se presentaba cuando atacaban a sus amos y a los escuderos que intentaban cuidar de ellos.

2 Para los soldados de a pie, el mejor modo de derribar a un caballero asaltante era derribando a su caballo con las flechas o con las picas, que eran unas varas con hojas afiladas en la punta, que normalmente se dirigían al caballo y no al jinete.

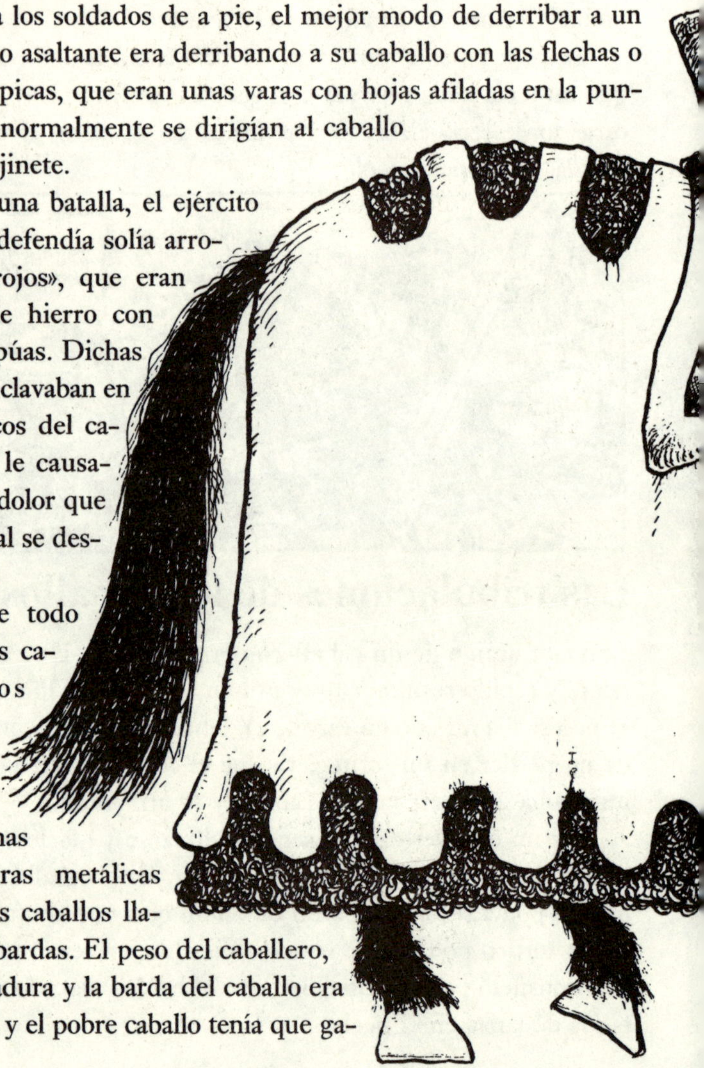

3 En una batalla, el ejército que se defendía solía arrojar «abrojos», que eran bolas de hierro con cuatro púas. Dichas púas se clavaban en los cascos del caballo y le causaban tal dolor que el animal se desbocaba.

4 Ante todo esto, los caballeros empezaron a utilizar unas armaduras metálicas para sus caballos llamadas bardas. El peso del caballero, su armadura y la barda del caballo era enorme y el pobre caballo tenía que ga-

lopar con una carga muy pesada. Así pues, los caballos de guerra *no* parecían caballos pura sangre, como los describen ciertos libros y películas, sino que más bien se parecían a los percherones por su potencia.

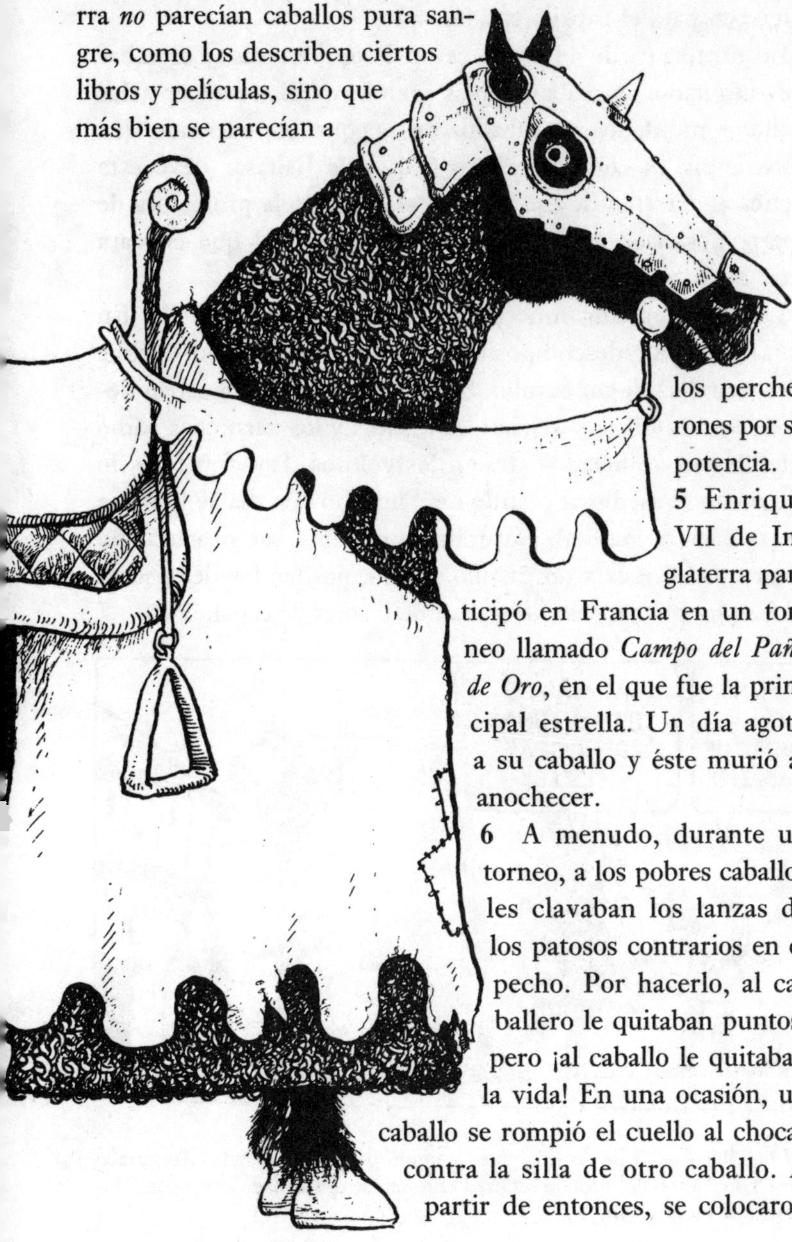

5 Enrique VII de Inglaterra participó en Francia en un torneo llamado *Campo del Paño de Oro*, en el que fue la principal estrella. Un día agotó a su caballo y éste murió al anochecer.

6 A menudo, durante un torneo, a los pobres caballos les clavaban los lanzas de los patosos contrarios en el pecho. Por hacerlo, al caballero le quitaban puntos, pero ¡al caballo le quitaban la vida! En una ocasión, un caballo se rompió el cuello al chocar contra la silla de otro caballo. A partir de entonces, se colocaron

barreras entre los dos jinetes contendientes, lo que mejoraba la protección para el caballo casi siempre.

7 En un torneo de 1443, no se pusieron barreras. Los caballeros montados en caballos más grandes podían vencer a los caballeros montados en caballos más pequeños, haciendo que ambos animales chocasen. Pero Galiot de Baltasar llevó esta práctica al extremo de esconder púas bajo la tela protectora de la parte posterior del caballo. Cualquier animal que chocara contra el suyo se convertía en en un acerico.[1]

8 Los caballos, aun muertos, eran útiles para la batalla. En pleno proceso de descomposición, los catapultaban por encima de las murallas de un castillo. Sus restos se desparramaban detrás de las murallas, y atraían las moscas y los gérmenes como un tenderete de helados atrae a los golosos. Los franceses lo hicieron en el asedio al castillo de Thin (hoy en día se le llama «guerra bacteriológica»). Naturalmente, había que procurar no arrojar carne fresca a un castillo sitiado, porque los defensores te daban las gracias y se atracaban de bistecs de caballo.

1. El horrible Galiot de Baltasar fue detenido pero no castigado. Aseguraba que en España todo el mundo luchaba con un caballo armado con púas. Nadie creyó al mentiroso.

9 El rey Guillermo II también utilizó los caballos muertos para rellenar una zanja frente al castillo y apoyar en ellos las escalas. Era nauseabundo, pero cuentan que también metían en la zanja a los campesinos para rellenar los huecos. Los defensores eran tan malos como él. Arrojaron una roca a Guillermo, pero no le dieron a él sino al hombre que tenía al lado. «¡Ja! –gritaron los defensores–. ¡Por lo menos ahora el rey tendrá carne fresca!» ¡Qué asco!

10 El rey Ricardo Corazón de León perseguía a un enemigo cuando éste se dio la vuelta para defenderse. El caballero que se enfrentó a Ricardo era el gran héroe William Marshal. ¡Ostras! Ricardo se dio cuenta de que se había olvidado ponerse la armadura. «¡Por lo clavos de Cristo –exclamó–, no me matéis. No llevo armadura!» El caballeroso Marshal no quiso matar a un hombre desarmado, por lo que ¡mató a su caballo! ¿Qué había hecho el pobre animal para merecerlo? En esos tiempos era horrible ser caballo.

Esos siniestros castillos

Madera y piedra

DENTRO DE LA TORRE DE HOMENAJE SE ESTABA CALENTITO, SECO Y SEGURO, PERO...
¡CONSTRUYEZ MUA UNA MURALLA!
QUIERE UNA VALLA DE MADERA ALREDEDOR DE LA BASE DE LA MOTTE.
¿ES QUE NO PARARÁ?
PERO EL TIPO ERA PEOR QUE LOS NEGREROS.
CONSTRUYEZ MUA UN ZOSO.
¿UN ZOSO?
QUIERE UNA ZANJA EXTERIOR QUE LO RODEE.
AHORA ESTABA A SALVO EN SU CASTILLO Y NOSOTROS TENÍAMOS A DONDE IR SI NOS ATACABAN, MENOS CUANDO...
¡OH! ¡MON TRASEGO ESTÁ AGDIENDO!

¿CREÉIS QUE LOS PÉRFIDOS NORMANDOS SE RINDIERON? PUES NO.
CONSTRUYEZ MUA UN CASTILLO DE PIEDRA.
PARA ELLO NECESITAS CANTEROS, COLEGA.
Y LOS CANTEROS NECESITAN QUE ALGUIEN LES LLEVE LAS PIEDRAS.
¡ADIVINA QUIÉN LO TUVO QUE HACER!
PERO UNA TORRE DE HOMENAJE DE PIEDRA NO ERA SUFICIENTE. DEBAJO CONSTRUYERON LÚGUBRES MAZMORRAS, CÓMODOS APOSENTOS PARA LOS BARONES EN LA PARTE SUPERIOR Y UN ENORME SALÓN PARA LOS BANQUETES. ASÍ ERA UNO DE LOS PRIMEROS QUE DIBUJÉ. ¡PERO LUEGO EL BARÓN QUERÍA MÁS!
CONSTRUYEZ MUA UNA MURALLA EXTERIOR (*AVEC* TORREONES), UN FOSO PROFUNDO (CON RANAS), UN RASTRILLO Y UN PUENTE LEVADIZO.
Le Plan
LO QUE QUIERA, CON TAL DE QUE NO TENGA QUE COMERME LAS RANAS.
CUANDO ESTUVO TERMINADO, ÉL ESTABA A SALVO Y NOSOTROS TENÍAMOS DONDE METERNOS SI NOS ATACABAN.
¡DEJADME ENTRAR!
¡ESTÁS BROMEANDO!
¡CROAC!

El castillo de Cutter Whey

Ningún libro sobre castillos puede considerarse completo sin ilustraciones del interior, pues desde fuera no se ve el interior de un castillo. Ni siquiera la visión de rayos X de Superman podría atravesar muros de piedra de dos o tres metros de grosor. Así que el artista *simula* que los muros han sido derribados.

Pero en un libro de *Esa horrible historia* nunca haríamos semejante cosa, sino que enviamos al artista y a un equipo de derribos a un castillo y demolieron de verdad las paredes para que el artista pudiera dibujar la escena.

Elegimos el castillo Cutter Whey, que está a tres kilómetros al oeste de Blackpool (al menos estaba). Al terminar el último esbozo, el castillo se vino abajo porque lo destruimos demasiado. (Si vas a pasear por la playa de Blackpool, encontrarás muchas piedras que, casi con toda seguridad, son restos del castillo de Cutter Whey y la prueba de que verdaderamente existió en otro tiempo.)

Castillo de Cutter Whey 1: Antes

TORRE DE HOMENAJE: Es el sitio más seguro. Naturalmente en ella viven el señor feudal y su esposa.
ESTA TORRE ES PARA LOS SEÑORES.
¡GUAU!
VACA
VACA MUERTA
MUUU
VACA LOCA
¡QUÉ ALIVIO CUANDO NOS LIBEREN!
BODEGAS: Ideales para guardar en ellas el vino y los prisioneros, que pasan aquí más frío que en las mazmorras.
ALMENAS: Se necesita licencia para construir una muralla con estos prismas salientes (MERLONES) separados por huecos (ASPILLERAS). En un ataque se escondían detrás de los merlones. En tiempos de paz, meaban por las aspilleras.
PATIO DE ARMAS: Enorme patio, refugio de animales y campesinos durante un ataque al castillo, pero los animales son más útiles y apetitosos.

Castillo de Cutter Whey 2: Después de derribar varias paredes

APOSENTO DEL SEÑOR: El señor disponía de una cama con dosel y cortinas para evitar las corrientes de aire. Todos los demás dormían apretujados para darse calor. ¡Además, no usaban pijama!
ESCUSADO: Consistía en un asiento de madera que cubría un agujero. No había papel higiénico, solamente un trozo de tela o un puñado de heno.
¡VAYA DESPERTAR MÁS GROSERO!
¡EH! ¡EH! ¡EH! ¡VETE!
¡OJALÁ ALGUIEN INVENTARA LA TELEVISIÓN!
GRAN SALÓN: Donde el señor da banquetes y los músicos y bufones actúan para él.
TUTÚ
CLINC
¡NO TIENE GRACIA!
ESCAPAR POR EL DESAGÜE.
¡PUA! ¡VAYA PERFUME EMBRIAGADOR!
MAZMORRA: Con poco aire, luz y comida, pero con muchas ratas y abundantes visitas de tipos con instrumentos de tortura.
¡GRACIAS, COLEGA!
POZO NEGRO: El contenido del escusado caía en una especie de pozo al cuidado del «recolector de excrementos».

Lúgubres madrigueras

Los castillos eran unos sitios *muy divertidos* para vivir. No tenían los aburridos chismes que tenemos hoy, pero hay que reconocer que eran bastante cutres. Carecían de:

- *De cristales* en las ventanas y por eso sufrían muchas corrientes de aire. Colocaban contraventanas en las aberturas para evitar el frío, pero no conseguían evitar las corrientes. Colgaban tapices en las paredes para que el viento no silbara, pero ni aún así se evitaban las corrientes. Pero pregúntaselo a tus padres y te dirán que prefieren las corrientes de aire a los vendedores de cristales dobles a domicilio.

- *De inodoros*, ¡Inodoros! ¡Escusados y gracias! Los comunales estaban en habitaciones que sobresalían de los muros del castillo desde donde los excrementos caían directamente al foso (¡No veas los patos!). Al sentarte, un vientecillo te mantenía el trasero fresquito. Pero, al menos, el matón de la escuela no te podía meter de cabeza en el váter y tirar de la cadena.
- *De cocina eléctrica o gas*. Solamente había cocinas de leña y fuegos. Ponían la carne en un asador sobre el fuego y la dejaban rodar para que goteara la grasa sobre las llamas que aumentaban y escupían fuego (en los castillos se escupía mucho, tanto en las

hogueras como los comensales en la mesa). La carne se chamuscaba un poquitín por fuera, pero por dentro quedaba más bien cruda. Y eso significaba que había muchas posibilidades de intoxicarse. Pero al menos no contraían la enfermedad de las vacas locas (ni de los pollos locos, ni de los cerdos locos, ni de los corderos locos ni empachos de pastel).

- *De alfombras.* Solamente tenían esteras de juncos con las que absorbían la grasa que se desparramaba por el suelo. Comían con los dedos y arrojaban los huesos a los perros. Naturalmente, lo que entraba por un extremo del perro salía por el otro. Tenías que fijarte por donde pisabas. Pero al menos no tenías que aguantar a tu madre diciéndote: «Límpiate bien los pies antes de entrar en casa». Probablemente tendrías que limpiarte los pies *antes de salir*.
- *De camas*, a excepción del señor. Los campesinos como tú dormían en jergones de paja en el suelo. Iban siempre grasientos, apestosos y llenos de pulgas. Y como iban todos igual, no se preocupaban. Se cubrían con pieles de animales o mantas. Pero por lo menos nadie insistía en que te hicieras la cama.

• *De cuarto de baño*. De vez en cuando se bañaban en el río en verano para limpiarse el cuerpo de piojos y pulgas. Algunos refinados se hacían llenar una bañera con agua templada. Pero, por lo menos, no había padres chiflados examinándote detrás de las orejas para comprobar si estaban limpias. (¿Has preguntado alguna vez porqué? ¡Nadie mira nunca detrás de las orejas!)

Personajes de los castillos

La dama y el señor

El jefe de la guardia

El bufón

El bodeguero

El palafrenero

El prisionero

El guardia

El recolector de excrementos

El gato del castillo

¿Sabías que...?

Si un cerdo se asusta antes de morir, su carne resulta muy dura. Pero un cerdo alegre produce unas chuletas muy tiernas. Por tanto, el carnicero del castillo procuraba que estuviera muy contento y luego le daba con un martillo antes de que se diera cuenta de que se convertiría en ricas salchichas.

Por supuesto algunos lo pasaban peor que otros, y el más desgraciado era el recolector de excrementos. Pero todos tenían que malvivir en esos cuchitriles sucios, húmedos y con corrientes de aire. SIN EMBARGO, sí tenían una cosa que, desgraciadamente, falta en los hogares modernos:

Espantosas mazmorras

Imagina que tienes tu propia mazmorra, una especie de habitación infernal para jugar. En vez de juguetes, estaría llena de instrumentos de tortura de la Edad Media. Toma nota: Los profesores de historia son muy aficionados a representar la historia «en vivo». Creen que los alumnos tienen que *vivir cómo se vivía en el pasado*. Llevan a sus alumnos a los monumentos históricos para vivir un día como los íberos, griegos, romanos, musulmanes, chimpancés o lo que sea. De este modo, el profesor queda muy bien ante el director. «La clase 3C visitó el pueblo griego de Ampurias y pasaron un día viviendo como filósofos». Siempre llueve, la comida es fatal, la ropa te pica y los trabajos que te hacen hacer son un rollo: un dibujo de un templo griego o reproducir sus mosaicos de teselas. Ahora podrás revivir la historia a tu profesor en una mazmorra o sala de torturas.

Una víctima de la cámara de tortura de la Torre de Londres describió su experiencia. Era un sacerdote llamado John Gerard, al que en 1597 se le acusó de celebrar misas católicas ilegales.

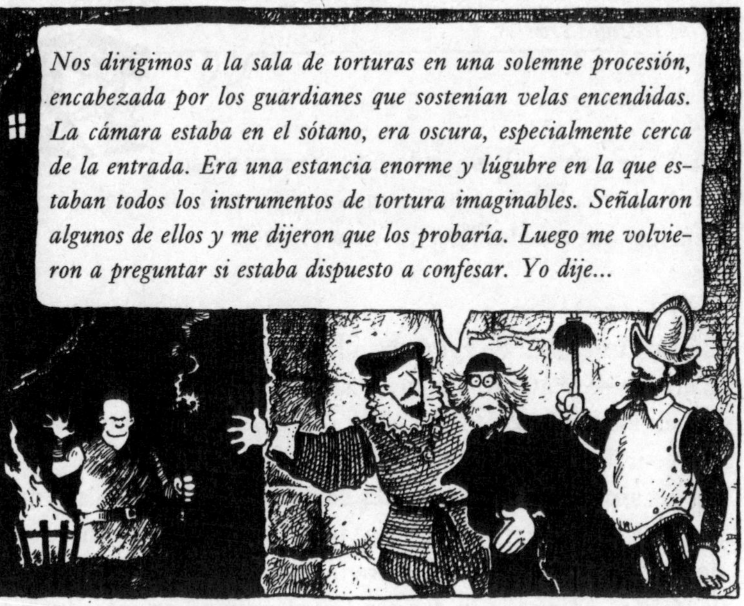

¿Qué dirías tú? ¿Qué dijo John Gerard?

Respuesta: John Gerard dijo: «No quiero confesar». Lo torturaron, pero sobrevivió para escribir lo sucedido.

Terribles torturas

La mazmorra de la Torre de Londres era conocida con el nombre de «El Pozo». Estaba por debajo del nivel freático y, cuando la marea subía, el agua inundaba el suelo y las ratas salían para no mojarse las patas. A los prisioneros encadenados se les mojaban los pies. Pero esto era lo que menos les preocupaba.

Justamente 13 años antes de que Gerard fuese a parar la Torre, sir Thomas Smith, el secretario de Isabel I, escribió:

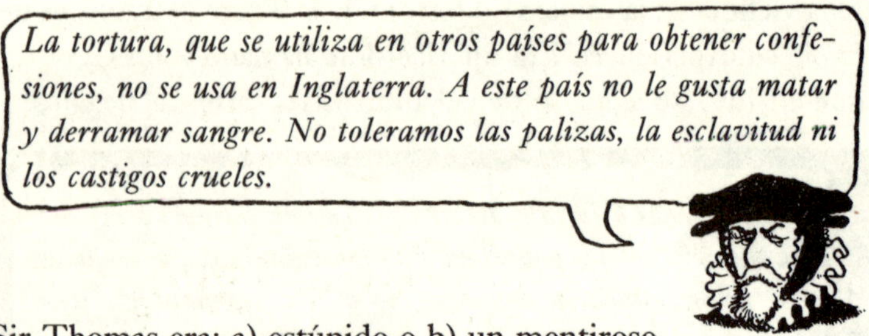

Sir Thomas era: a) estúpido o b) un mentiroso.

A continuación te presentamos algunas de las viejas «experiencias» que puedes hacer vivir a tu profe:

1 *El potro*

Cómo funciona: Se tumbaba a la víctima en una estructura de madera y se le ataban los pies y las manos a unos rodillos situados en los extremos. Al girar los rodillos en direcciones opuestas, estiraban los miembros de la víctima.
Datos siniestros: Guy Fawkes confesó después de resistir muy poco tiempo al potro. Confesó, pero sus brazos habían quedado tan debilitados por los estiramientos que no pudo firmar su confesión. El duque de Exeter fue el primero en introducir el potro en la Torre de Londres. Lo llamaban «La hija del duque de Exeter», y decían que los prisioneros sometidos a la tortura del potro estaban «casados con la hija del duque de Exeter».

Cita: El torturador más famoso en tiempos de los Tudor era Thomas Norton. Norton torturó a un sacerdote llamado Alexander Bryan y luego alardeó: «*Con los estiramientos que le di, ha quedado 30 cm más alto de lo que Dios le hizo*».

2 *La bota*
Cómo funciona: Se colocaba una pieza de madera a cada lado de la pierna del prisionero. Luego se clavaban unas cuñas entre la pierna y la madera para que la pierna quedara permanentemente aplastada.

Datos siniestros: Se solía someter a la tortura de la bota a los sospechosos de brujería a finales del siglo XVI. Thomas Pepley tuvo que soportar una bota durante once días y once noches, desnudo, en una celda helada. Por si eso fuera poco, además lo golpeaban con varas de abedul.
Cita: Según palabras del obispo Burnet, el rey Jacobo II era un hombre aborrecible. Eso decía de él: «*Cuando un hombre era sometido al tormento de la bota, se hacía ante el Consejo. Casi todos los consejeros preferían no estar allí, pero Jacobo pensaba todo lo contrario. Lo observaba con atención como si se tratara de un experimento. Todos los que lo veían llegaban a la conclusión de que era un hombre sin compasión*».

3 *Grilletes de Skeffington*
Cómo funciona: Consistía en un cilindro de hierro partido en dos mitades unidas por una bisagra. El prisionero, con las manos atadas a la espalda, se arrodillaba en una mitad, mientras el torturador estrechaba la segunda mitad. El prisionero quedaba aplastado entre las dos mitades.
Datos siniestros: Leonard Skeffington era el encargado de la Torre en los tiempos de Enrique VIII. Se podía llevar este ins-

trumento a la celda del prisionero y usarla allí mismo. Eso ahorraba paseítos a la sala de tortura.

Cita: En 1580 Thomas Coteham quedó aplastado por este instrumento de tortura. Un testigo declaró: «*Le salió mucha sangre por la nariz*».

4 *El guante*

Cómo funciona: El prisionero se subía a unos bloques de madera. Se le ataban las muñecas a una viga por encima de su cabeza. Luego se quitaban uno a uno los bloques de madera, hasta que el prisionero quedaba suspendido de la viga sin llegar a tocar el suelo con los pies.

Datos siniestros: En una ocasión sometieron a dicha tortura a un sacerdote. El torturador quitó los bloques de madera, pero el sacerdote era tan alto que sus pies llegaban al suelo. El torturador tuvo que cavar debajo hasta que los pies no se apoyaron en el suelo. En sólo media hora al sacerdote se le habían hinchado tanto los brazos que no pudo comer con ellos. Unos criados le tuvieron que triturar la comida y metérsela en la boca.

Cita: El torturador de Isabel I, Richard Topcliffe, disfrutaba persiguiendo y torturando a los sacerdotes católicos. La tortura del guante era su método favorito para hacer hablar a los sacerdotes, que eran obligados a confesar y a renunciar a sus creencias. Pero, como dijo un testigo en 1586: «*Sólo un hombre como Topcliffe era capaz de torturar a un mismo hombre de nuevo después de haber sido estirado en el potro, de haber confesado e incluso haber renegado de su fe*».

5 *Las empulgueras*

Cómo funciona: Colocaban los pulgares de la víctima debajo de una barra metálica. Lentamente atornillaban la barra para que aplastara las uñas.

Datos siniestros: Al principio se utilizaron las empulgueras como una especie de esposas. Llevaban a los prisioneros con una cuerda atada a la barra. En el siglo XV se les llamó «pestañas de penique». Más tarde se utilizaron para conseguir que los prisioneros confesaran.

Cita: En un informe de 1683 se describe un caso en que la tortura de las empulgueras en Escocia falló: «*William Carstares sufrió durante una hora la aflicción de la tortura, pero se la atornillaron con tanta fuerza que después no pudieron soltarlo. Tuvieron que ir a buscar un herrero que desatornillara las empulgueras*».

6 *La tortura de las cosquillas*

Naturalmente, es probable que a tu profe no le guste ninguna de esas torturas y decida que, para experimentar la «Historia en vivo», basta hacer un tarro de cerámica en el patio de armas de un castillo. No te preocupes. Ahora te presentamos una tortura que tal vez te deje probar. No necesitas más que un cepo y una cabra. Lo has leído bien, un *cepo* y una *cabra*.

Se ataba los pies de la víctima al cepo de modo que no pudiese moverlos. Luego derramaban sal encima de los pies. Llevaban una cabra a la celda. A las cabras les encanta la sal. La cabra empezaba a lamer las plantas de los pies del prisionero. Cuando se terminaba la sal, añadían agua salada hasta que la víctima gritaba pidiendo compasión a causa del cosquilleo. *Nota:* No se lo hagas a los profes cuyos pies apesten, porque la cabra podría morir.

7 *La crueldad de la torre*

La ejecución más cruel que se llevó a cabo en la Torre de Londres fue probablemente la de un oso. El animal había matado a una muchacha, por lo que fue condenado a muerte. El verdugo podía haberlo matado rápidamente sin hacerlo sufrir, pero en vez de eso, decidió entretenerse un poco. Metió varios leones del zoo en la jaula del oso. Los leones temían demasiado al oso para atacarlo, por lo que fracasó el plan. Finalmente enviaron perros salvajes para que acabasen con el animal. ¿Quién fue más cruel, el oso o el verdugo?

Cuentan que, en enero de 1816, un centinela estaba haciendo guardia en la sala de las Joyas de la Corona, cuando vio una sombra oscura subiendo por las escaleras en dirección a él.

¡Cuando lo tuvo más cerca, vio que era un oso muy grande! El guardián se abalanzó sobre él con su bayoneta, pero el arma atravesó el cuerpo del animal sin dañarlo. El guardián de las Joyas de la Corona, el señor Swifte, dijo que el centinela era un soldado valiente y honesto. Después de denunciar al oso fantasma, el soldado cayó enfermo y murió dos días después. ¡Tal vez se tratara de la venganza del oso con un retraso de 500 años!

Ingeniosos castillos

Imagínate que eres Guillermo el Conquistador. Lo sabes todo de los castillos porque los normandos eran los mejores constructores de castillos de toda Europa. Construyes un montículo de turba (llamado *mota*) y una muralla de madera en la cima.

Quieres invadir Inglaterra y atacar al rey Haroldo. ¿Qué harás cuando hayas vencido? Te hallas en un país extranjero, rodeado de ingleses que te quieren ver muerto. Necesitas un castillo. ¿Dónde puedes conseguir uno muy rápidamente?

Se te ocurre una idea. Es un plan alocado, típico de los normandos, pero puede funcionar. ¿Cuál es?

Respuesta: ¡Te llevas contigo un castillo! Guillermo de Normandía tenía un castillo desmontable en Normandía. Se lo llevó a Inglaterra y lo montó cuando llegó a Hastings. ¡Increíble, pero cierto!

Test sobre los castillos

Los profesores no lo saben todo como ellos se creen. Compruébalo y acércate al primer profe que encuentres y pon a prueba su masa cerebral con este astuto test sobre castillos:

1 Los primeros castillos tenían murallas hechas con estacas de madera de extremos afilados. A menudo se atacaba los castillos de madera con fuego. ¿Cómo intentaban impedir los defensores que las murallas ardieran?

a) Preparando a un buen equipo de bomberos.

b) Mojando las murallas con el contenido de los orinales.

c) Cubriendo las empalizadas con pieles.

2 Las paredes de los castillos tenían repisas exteriores para que los defensores pudieran salir y arrojar algo sobre la cabeza de los asaltantes.

¿Qué les arrojaban normalmente?
a) Aceite hirviendo.
b) Agua.
c) Gasolina.

3 En la guerra, tanto los asaltantes como los defensores utilizaban enormes catapultas para lanzar pedruscos. Tensaban una cuerda como si fuese una goma elástica, y luego la soltaban. Pero en la Edad Media no existía la goma elástica. ¿De qué estaban hechas esas cuerdas?
a) Cabellos humanos.
b) Tripas de gato.
c) Una cola de vaca.

4 Al escusado del castillo también se le llamaba «guardarropa», porqué allí se guardaba la ropa. Pero, ¿por qué creían que un escusado era un buen sitio para guardar los vestidos?
a) Porque era una habitación más pequeña y cálida que un dormitorio.
b) La ropa colgada en las paredes evitaba las corrientes de aire.
c) El hedor ahuyentaba a las polillas.

5 La palabra francesa *malvoisin* significa «mal vecino». Pero ¿qué significado tenía durante el asedio a un castillo?
a) Era un caballero que vivía cerca de tu castillo, te visitaba a menudo y conocía todas sus entradas secretas. Era un «mal vecino» porque delataba al enemigo tus puntos vulnerables.

b) Era una torre de asalto llena de hombres que empujaban contra la muralla del castillo (llegando a convertirse en su «vecina»). Los hombres subían por ella y atacaban.

c) Era un tipo de toro entrenado para embestir a todo aquel que intentara cruzar su territorio. Si un enemigo acampaba bajo tus murallas, soltabas a tus toros *malvoisins* y éstos se encargaban de ahuyentar a los vecinos indeseados.

6 ¿Qué utilidad podían tener las tortugas en un asalto a un castillo?

a) Arrojaban las tortugas a los huertos del castillo para que se comieran todas las verduras y, de este modo, los defensores se morían de hambre más deprisa.

b) «Tortuga» era el nombre que daban a un «caparazón» que los atacantes se ponían en la espalda mientras intentaban acercarse al pie de la muralla.

c) Se utilizaba el caparazón de la tortuga, una vez vaciado y limpiado, para hacer puntas de flecha. Un buen artesano podía obtener veinticuatro puntas de flecha de un caparazón y luego se podía comer la tortuga.

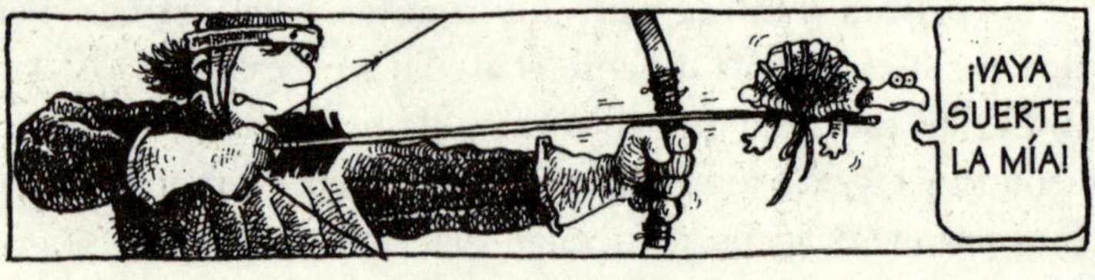

7 Con catapultas, arrojaban piedras por encima de las murallas del castillo para aplastar a sus habitantes, y también caballos muertos en descomposición para provocarles enfermedades. ¿Qué más arrojaban?

a) Cabezas humanas para horrorizar a los defensores.

b) Animales salvajes para atacar a los defensores.

c) Vino envenenado para matar a los defensores.

8 Un gran señor podía poseer más de un castillo y vivir varios meses en cada uno de ellos. ¿Cómo impedía que entraran a robar en sus castillos durante su ausencia?

a) Dejando a un guardián armado en cada castillo para ahuyentar a los ladrones.

b) Encargando a los campesinos de la aldea que vigilaran el castillo. Si algo desaparecía, los castigarían a ellos.

c) Solamente tenía un juego de muebles, de utensilios de cocina, vajilla y adornos. Cuando se trasladaban, se llevaban todo consigo.

9 Había castillos que tenían trampas especiales para los invasores. ¿En qué consistían?

a) En un agujero en el suelo que, al abrirse, hundía al asaltante directamente a la mazmorra.

b) En un agujero en el puente levadizo que, al abrirse, lanzaba al atacante directamente al foso.

c) El asiento del escusado era plegable y los atacantes se caían por el sumidero.

10 Un ariete podía causar mucho daño a las murallas del castillo. Cuando no podían evitar sus embestidas, ¿cómo conseguían que los daños fuesen menores?

a) Arrojando una caja llena de carcomas a la cabeza de carnero del ariete para que lo deshiciesen.

b) Poniendo una paca de paja delante de las murallas para que el ariete se estrellara contra ella.

c) Cazando con cuerdas el extremo del ariete y tirando de él hacia arriba.

Respuestas: ¿Qué puntuación han sacado tus padres o tus profes? Aquí están las respuestas, ADEMÁS de varios comentarios graciosos para sus errores.

1c) Los primeros castillos cubrían las empalizadas de madera con pieles mojadas. Lástima que no funcionara. Los atacantes se dieron cuenta de que podían cubrir las puntas de las estacas con pieles, lo que les facilitaba saltar al otro lado.

2b) Agua. ¡Increíble! La mayoría de la gente cree que arrojaban *aceite hirviendo* sobre los atacantes, pero esto era *muy* poco probable. El aceite era algo muy escaso y carísimo. Los defensores utilizaban agua caliente. Además, con ella apagaban los incendios que los atacantes provocaban. La cal viva era otro material muy popular, ya que con ella cegaban y asfixiaban a los atacantes e incluso les quemaba la piel.

3a) Con el cabello humano elaboraban una cuerda que resultaba ser muy elástica. Era una época en que las mujeres de pelo largo eran mucho más útiles para los defensores que los hombres calvos. Naturalmente, a todos los defensores fallecidos les cortaban el pelo antes de enterrarlos.

4c) Asqueroso, pero cierto. Naturalmente, cuando uno sacaba el vestido de allí dentro, apestaba. Pero dado que la gente no se lavaba, ni lo notaban. Porque ¡si la ropa apestaba, los muy guarros olían mucho peor!

5b) Las torres de asalto eran de madera y estaban cubiertas con pieles de animales. Empapaban las pieles de agua para que los defensores no pudiesen prender fuego a la torre *malvoisin*.

6b) Los romanos utilizaban la palabra *testudo*, que significa «tortuga», para designar la cubierta que formaban los atacantes alzando y uniendo los escudos. Los soldados de la Edad Media probablemente no habían visto jamás una tortuga (y menos aún la habían comido), pero la palabra *testudo* designaba dicha protección.

7a) Las cabezas pertenecían a los defensores apresados, naturalmente. ¡No se dedicarían a ir despedazando a sus propios soldados! Nunca se sabía cuando podían resultar útiles. También arrojaban colmenas llenas de abejas al interior de las ciudades. (¡Una buena idea si te gusta la miel!)

8c) En el siglo XVI el duque de Northumberland se mudaba de castillo tres veces al año. Se llevaba las camas, las mesas, las sillas y los utensilios de cocina en una caravana de 18 carros. (¡A lo mejor no le gustaba dormir en una cama extraña!)

9a) Por esto siempre tienes que andar con cuidado cuando un caballero diga: «¿Por qué no te pasas algún día a visitarme?»

10b) Sería una buena idea, pero no detendrías a los atacantes mucho tiempo, a no ser que éstos estuviesen muy cansados y quisiesen dormir en la paja.

Castillos espeluznantes

Los castillos en ruinas son sitios para visitar envueltos de misterio, tal vez porque los habitan fantasmas de personas que murieron en ellos. La peor época fue entre 1135 y 1154, cuando el rey Esteban y la emperatriz Matilde se disputaron el trono de Inglaterra.

Los primeros reyes normandos habían puesto gran empeño en impedir que los grandes barones construyeran fortalezas y fuesen más poderosos que el propio rey. Pero, durante las guerras entre el último rey normando, Esteban, y su rival, la reina Matilde, los barones hicieron más o menos lo que les vino en gana. Los castillos se multiplicaron como champiñones en una cueva húmeda. (El siguiente rey, Enrique II, hizo derribar 1100 de estos castillos ilegales.)

En la *Crónica anglosajona* de la época, se describen los 19 años de guerra del rey Esteban como una época en que se construyeron los castillos más diabólicos. Eran algo más que el hogar de los barones: eran sitios de terror y tortura.

Todos y cada uno de los señores feudales se construía un castillo para defenderse del rey Esteban. Llenaron el país de castillos. Los pobres campesinos sufrían las consecuencias. Una vez terminados, los castillos se llenaban de demonios y hombres perversos. Entonces, día y noche, cogían a la gente que creían que tenía riquezas, tanto hombres como mujeres, y los metían en las mazmorras, los sometían a terribles torturas para conseguir su plata y su oro. Nunca se había torturado de semejante forma. Cogían cuerdas anudadas, las ataban a las cabezas de las víctimas y las retorcían hasta que los nudos penetraban en su cerebro. Los metían en cárceles pobladas de escorpiones, serpientes y sapos, y casi los mataban. A algunos los metían en una celda de tortura, que era un cofre corto, estrecho y poco profundo. Colocaban piedras afiladas en la tapa y la presionaban hasta haber roto todos los miembros de la víctima. Miles de ellos murieron de hambre.

Así que la próxima vez que vayas a una de esas aburridas excursiones a visitar un castillo, distrae a tus amigos o a tus profesores con tenebrosas historias de terror y tortura. (Asegúrate de que, cuando devuelvan, estén lejos de ti.)

Muerte en Devon

Tal vez sea algo relacionado con las piedras seculares, tal vez sean solamente imaginaciones, pero en ciertos lugares se te ponen los pelos de punta. Un escalofrío recorre tu espalda en cuanto cruzas las asombrosas murallas. Presientes que ese lugar encierra terribles mis-

terios. Historias como la del espíritu de Berry Pomeroy, del castillo de Devon:

El doctor Farquhar se apeó de su carruaje y avanzó por el camino de grava hasta el portalón de la entrada. A un lado colgaba un aro de hierro oxidado. Tiró de él y oyó el sonido cascado de una campana en lo más profundo de la torre.

La puerta chirrió al abrirse y un anciano miró al médico con ojos húmedos y apagados.

–Gracias por venir a estas horas de la noche, doctor –dijo con un hilo de voz agudo como el viento del este.

–Es un placer, señor Harris –contestó el médico, entrando en el lúgubre vestíbulo alumbrado por velas y quitándose el sombrero.

Los pasos de los dos hombres retumbaron entre los oscuros paneles de madera de roble que recubrían las paredes al cruzar el vestíbulo y subir las escaleras de piedra.

–Debe de tener un ejército de criados para mantener limpio este lugar –comentó el doctor Farquhar.

El anciano se agarró a la fría barandilla de piedra y subió lentamente.

–Unas chicas del pueblo vienen cada mañana –respondió con voz ronca–, pero ninguna quiere quedarse por la noche.

–En esta época del año hay bastante humedad –asintió el médico.

–No es por la humedad que no se quedan –susurró el mayordomo del castillo sin añadir nada más.

–Y a su esposa no le debe de sentar nada bien la humedad –dijo el médico–. No es de extrañar que el señor pase los inviernos en Francia.

El mayordomo se limitó a ladear su canosa cabeza al abrir una puerta que daba a una habitación oscura, alumbrada solamente por el débil fuego que ardía en el hogar.

–Le dejaré solo, doctor –dijo el anciano. Después se marchó y cerró la puerta tras él.

Media hora más tarde, el médico salió de la habitación y bajó lentamente las escaleras.

–No está grave –explicó al señor Harris, al reunirse con él en el vestíbulo–. Lo peor ya ha pasado y, dentro de unos días, ya podrá levantarse. Ha hecho bien en llamarme. Le he dado algo para dormir. Mañana por la mañana vendré a ver como está.

El joven se dirigió a su carruaje, mientras las sombras proyectadas por la luna le perseguían por el camino. Se ajustó el grueso abrigo, protegiéndose del helado viento que le provocó un repentino escalofrío.

Bajo la luz de la mañana, el castillo parecía un poco más alegre. Abrió la puerta una muchachita de mejillas sonrosadas, que dijo:

–¿Quiere esperar en la biblioteca, señor? El señor Harris está dando instrucciones a los jardineros.

El doctor Farquhar entró en una habitación inundada de luz matinal. Todas las paredes estaban cubiertas de estanterías llenas de libros antiguos encuadernados en piel. En un rincón, una escalera conducía a otra habitación del piso superior. Se sentó en un sillón y cogió un libro de la mesa de al lado.

La lectura lo absorbía tanto, que no oyó que se abría y cerraba la puerta. De reojo vislumbró un movimiento. Levantó la vista y vio a una mujer deslizándose por el suelo. No era un gran experto en vestidos, pero supuso que aquel traje había estado de moda hacía al menos 300 años. El médico era educado, se levantó y saludó con un «¡Buenos días!».

La mujer no dio señales de haberlo oído. Se movía casi en silencio por el suelo, percibiéndose tan sólo el frufrú del vestido de seda. Al llegar a la escalera, subió los peldaños sin mostrar que se había percatado de la presencia del médico. Al llegar al rellano, se dio la vuelta: un rayo de luz que entraba a través de una ventana alta y estrecha iluminó su bello rostro. El doctor Farquhar quedó asombrado al ver la expresión de tristeza y dolor que le crispaba la cara.

–¿Podría...? –empezó a hablar el médico, pero ella había desaparecido por la esquina del rellano. Sintiéndose desfallecer, el hombre se sentó y se pasó la lengua por los labios resecos.

La puerta se abrió y entró el mayordomo.

–Siento haberle hecho esperar, doctor... ¿Se encuentra bien, señor? ¡Está muy pálido!

–Una fiesta –murmuró el joven–. ¿Están celebrando una fiesta de disfraces o algo parecido?

–¡No! –respondió Harris–. Hace varios años que el señor no da ninguna fiesta en Berry Pomeroy.

–Entonces, ¿quién era la mujer del vestido antiguo? –preguntó en voz baja–. Parecía muy triste.

El anciano palideció.

–Ha visto al fantasma, doctor. ¡Oh, pobre Isabel mía!

–¿Isabel? ¿Su esposa? ¡No, ella no era la mujer que he visto!

–Eso quiere decir que mi esposa fallecerá. Ha visto a la dama fantasma, una mujer muy mala que merodea por este castillo. Llevó una vida tan pecaminosa que fue condenada a vagar por el castillo eternamente. Murió hace 400 años.

–Pero, ¿qué tiene que ver esto con su esposa? –preguntó el médico en voz baja.

–Solamente aparece para anunciar una muerte en el castillo –explicó el viejo Harris, enjugándose las lágrimas.

El doctor Farquhar se levantó de un salto y se dirigió rápidamente a la puerta.

–¡Su mujer se está restableciendo! –gritó. Abrió la puerta y cruzó volando el vestíbulo–. ¡Está fuera de peligro! –afirmó, subiendo las escaleras de dos en dos.

Cuando llegó ante la puerta de la habitación, se dirigió atropellada y ruidosamente a la cama. La mujer yacía yerta entre las frías sábanas. El médico tocó su helada mano. Nada se movía en la habitación, pero desde aquel día el doctor Farquhar siempre juró que oyó claramente el frufrú de un vestido de seda.

Guía de fantasmas ingleses, escoceses y galeses

Según parece cada castillo tiene su propia leyenda. A continuación te presentamos algunos de los castillos más horrendos de Gran Bretaña.

Castillo de Berkeley, Gloucestershire

Castillo de Pontefract, West Yorkshire

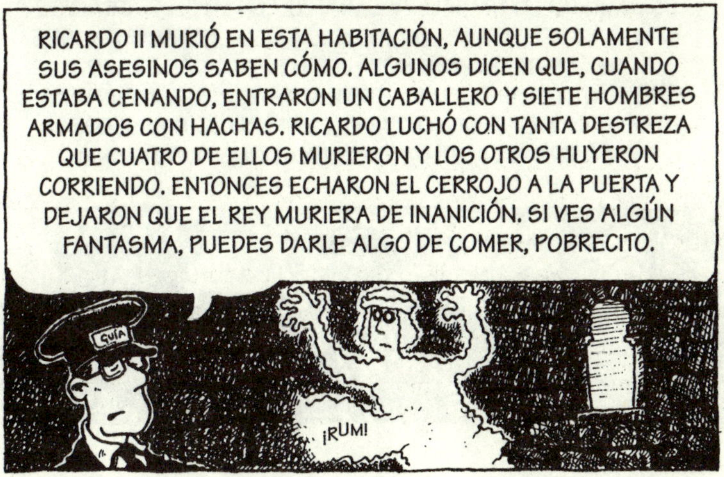

La Torre de Londres

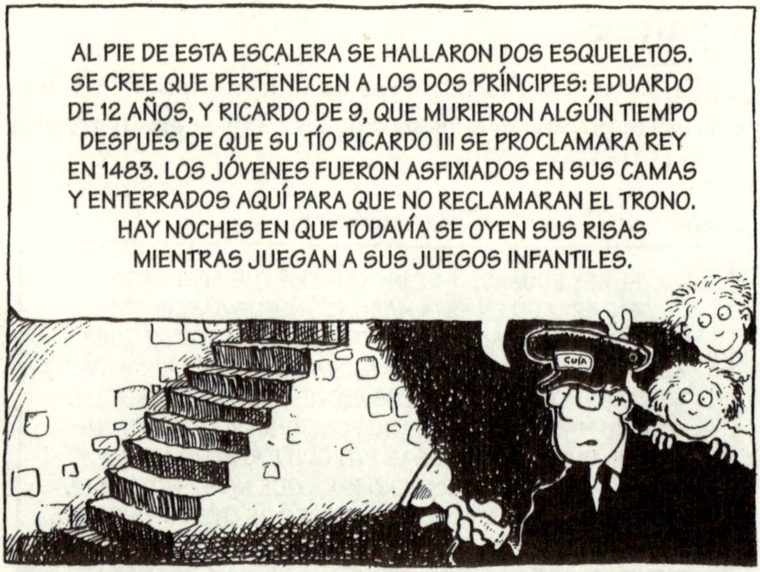

Castillo de Hylton, Tyne & Wear

Castillo de Arundel, Sussex

Castillo de Cortachy, Escocia

Castillo de Glamis, Escocia

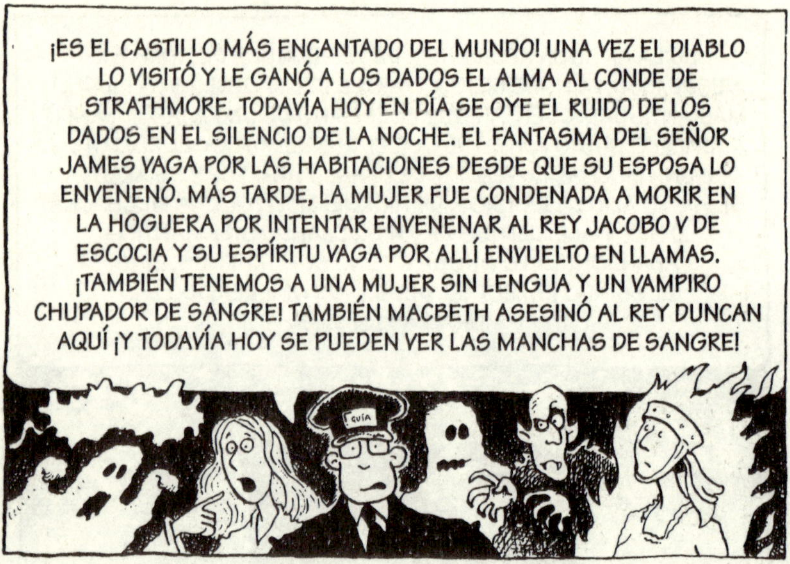

¿Sabías que...?

Una secta de musulmanes que lucharon contra los cruzados eran conocidos con el nombre de los «asesinos». Los dirigía el llamado Viejo de las Montañas, y su misión no era matar cristianos en la batalla, sino acercarse a los jefes enemigos y matarlos. Eran intrépidos y estaban dispuestos a morir por su causa.

Los Asesinos mataron al jefe cruzado Conrado de Monferrato. El Viejo de las Montañas murió y un nuevo jefe ocupó su lugar. El nuevo Viejo (ya me entendéis) quería disculparse por el asesinato de Conrado, por lo que invitó al jefe cruzado, Enrique de Champagne, a que le visitara. Dijo que le mostraría a Enrique cuán valerosos eran los Asesinos. Dos jóvenes estaban en lo alto de las murallas del castillo del Asesino. El Viejo de la Montaña levantó una mano y los dos jóvenes se arrojaron por encima de las almenas del castillo.

El Viejo preguntó a Enrique si deseaba ver más, pero éste no quiso.

Enrique regresó a su casa un poco alterado. Poco tiempo después, cuando estaba de pie en una ventana del castillo, dio un paso hacia atrás, resbaló, se cayó y murió al pie de las murallas del castillo.

¡Increíble!

Bárbaros asedios

El castillo es un hogar, un cuartel militar, la sede del gobierno local, un puesto de vigilancia, una cárcel y un almacén de alimentos. Un lugar tan versátil tiene un gran punto débil: si uno se apodera de un castillo, se hace dueño de todas sus tierras.

Los propietarios de los castillos lo sabían, por lo que los convertían en grandes fortalezas difíciles de conquistar. Construían murallas altas y gruesas. Los asaltantes construían torres de asalto más altas para saltar al otro lado de las murallas, o catapultas más grandes para derribarlas.

Pero si a los asaltantes les sobraba tiempo, existía otro método para vencer a los habitantes de un castillo: cercándolo e impidiendo así que nadie entrara ni saliera de él ni que entrara *comida*, de modo que los habitantes murieran de inanición. A esto se le llama sitio o asedio.

El sitio más importante de la historia fue probablemente el sitio de Troya. Los griegos pusieron fin al asedio de diez años por medio del truco del caballo de madera. Ahora es poco probable conseguir engañar a alguien con este truco, aunque hacia 1130, el rey Esteban fingió abandonar el asedio del castillo de Harptree. Cuando los defensores salieron en su persecución, el rey Esteban se dio la vuelta y se apoderó del castillo vacío.

¿Sabrías encontrar el modo de tomar un castillo? ¿O sabrías defenderlo? Prueba a responder a este cuestionario y verás si serías un superviviente de los asedios o una víctima de ellos.

1 Estás en Aiguillon, Francia, en el año 1345. Eres un señor feudal inglés y estás dentro del castillo, rodeado por los franceses. Los franceses han construido una docena de catapultas para arrojar rocas al otro lado de las murallas. ¿Vas a quedarte ahí sentado contemplando lo que sucede? Piensa algún plan para detener el bombardeo de pedruscos. *Pista:* Tienes una buena provisión de madera dentro del castillo y hombres trabajadores.

2 Estás en Wallingord, Inglaterra, en 1152. Estás defendiendo el castillo y sabes que se acerca un ejército enemigo. El castillo está rodeado de muchos campos cultivados. El castillo puede resistir un ataque, pero temes que tu gente muera de inanición en un largo asedio. ¿Qué dos cosas debes hacer antes de que el enemigo llegue dentro de dos días? *Pista:* Tienes más soldados que el enemigo.

3 Estás en St. Andrews, Escocia, en 1546. Lo estáis defendiendo bien, pero temes que el enemigo halle un modo de entrar en el castillo. Sospechas que intentarán excavar un túnel al pie de la muralla para acceder al interior. Pero ¿qué dirección seguirá el túnel?

Y ¿cómo impedirás el ataque? *Pista:* No podrán excavar bajo las murallas sin que la tierra tiemble un poco.

4 Estás en el castillo de la isla griega de Rodas en 1440. Los egipcios os están atacando con altas torres de asalto de madera sobre ruedas. Empiezan a nivelar el suelo para que las torres avancen sobre terreno firme. Si la torre se inclina demasiado se puede tumbar. Intentas cavar zanjas pera impedir que las torres se acerquen, pero los atacantes os hacen retroceder al interior del castillo y vuelven a rellenar las zanjas. Casi han terminado de allanar el camino. Mañana, las torres de asalto llenas de hombres se acercarán y los soldados saltarán al otro lado de las murallas. Para impedir que prendáis fuego a sus torres, las han cubierto con pieles de animales mojadas. ¿Qué harás? *Pista:* ¿Cómo atraparías a un elefante?

5 Estás en el castillo de Ballon, Francia, en 1098. Estás rodeado por el ejército del conde de Fulk y tienes hambre, mucha hambre. Los asaltantes son buenos soldados y protegen su campamento por la noche. Pero sospechas que, a la hora de comer, se descuidan un poco. Si los atacáis mientras comen, tenéis muchas posibilidades de ganar. El problema es que no sabes a qué hora cenan. ¿Cómo lo puedes averiguar? *Pista:* James Bond lo sabría.

6 Estás en Husn Al Akrad, en Tierra Santa, en 1099. Sois turcos rodeados por los cruzados que os van a masacrar en cuanto entren. En el castillo, todo lo que tenéis son vuestros rebaños de ovejas. No son animales salvajes, pero os pueden servir para escapar. ¿Cómo? *Pista:* los Cruzados tienen muy pocos alimentos.

Respuestas: 1 Te construyes tus propias catapultas de madera y disparas a los franceses. Cuantas más piedras os tiren, más tendréis para arrojarles. No pueden ver dónde están vuestras catapultas porque están escondidas detrás de las murallas. Pero vosotros, desde vuestras atalayas, sí podéis ver las suyas. ¡Disparad a sus catapultas! ¿Cuál es el resultado? En 1346 las 12 catapultas francesas fueron destruidas por los defensores y el asedio fracasó.

2 Recolectad todas las cosechas de los campos y llevadlas al castillo, no a los graneros de las granjas. Además de proporcionaros muchos alimentos, los atacantes no encontrarán nada que comer cuando lleguen. Después no esperéis sentados a que rodeen el castillo. Escondeos fuera de la fortaleza. El enemigo llegará, rodeará el castillo y entonces vosotros los podréis cercar a ellos. El enemigo será atacado por ambos lados, desde dentro y fuera del castillo. Quedarán cercados y derrotados entre ambos. Eso es lo que sucedió en 1152.

3 Colocad jarrones de agua en el suelo manteniendo una separación entre ellos. Si el agua de alguno de ellos tiembla, sabrás que el túnel avanza por allí. Puedes levantar una muralla alrededor del jarrón para que, al salir, los atacantes queden atrapados. En St. Andrews, los defensores cavaron su propio túnel hasta encontrarse con el de los atacantes. Entonces hicieron fuego en él para que los asaltantes tuvieran que huir por el humo.

4 Esperad hasta la noche para atacar. Cavad un profundo agujero en el punto en que el camino de la torre de asalto llega hasta las murallas. Luego cubrid el agujero con madera y la madera con tierra. Las torres rodarán hacia delante y los atacantes no verán las zanjas ni los agujeros del camino. Cuando finalmente lleguen hasta las murallas, la torre caerá en vuestra trampa debido a su propio peso y al de los hombres. La torre se inclinará y los asaltantes se caerán al suelo o quedarán atrapados en la torre de asalto de tres pisos sobre ruedas. Entonces podréis prenderle fuego. El plan de los defensores funcionó.

5 Los defensores se vistieron de mendigos y entraron en el campamento de los asaltantes para espiar. Descubrieron que todo el mundo comía a la misma hora y averiguaron cuál era. Se lo comunicaron a los defensores, quienes rodearon el campamento de los atacantes mientras comían. Fue un éxito total.

6 Suelta varias ovejas cuando oscurezca. Los asaltantes hambrientos perseguirán las ovejas, que se irán corriendo a sus pastos en las colinas. Los atacantes las seguirán. Mientras tanto, vosotros os alejáis en la oscuridad y abandonáis la fortaleza para que la defienda el resto del rebaño. Al día siguiente, cuando los Cruzados atacaron, se extrañaron de que los turcos no se resistieran. Esa fue una batalla en que los Cruzados se alzaron victoriosos, sin que ni un solo ser humano muriese o fuese apresado por ninguno de los dos bandos.

Consejos para apoderarse de un castillo

Ahora ya sabes cómo defender tu casa si alguna vez la asedian. Pero ¿y si alguna vez quisieras apoderarte de una plaza fortificada? Éstos son algunos de los trucos que funcionaron:

1 *Paciencia.* Acércate a las murallas del castillo enemigo y deja que te disparen, pero asegúrate de que lleváis unos buenos escudos para desviar las flechas. Transcurrido un tiempo, habrán agotado todas sus flechas. Es entonces cuando vosotros arrojaréis flechas y jabalinas a los defensores para alejarlos de las murallas. Ricardo I de Inglaterra se apoderó de Messina, en Sicilia, en tan sólo cinco horas. Pero esto es algo peligroso. El mismo rey Ricardo cabalgaba alrededor de otro fortín, dejando que malgastaran sus flechas, cuando una saeta envenenada de ballesta le dio en el cuello y lo mató.

2 *Amor.* Di a una de las bellas jóvenes del castillo que la amas y que la quieres ver. Sugiérele que ponga una escala de cuerda para que puedas subir. Cuando estés arriba, deja la escala en la ventana para que suba el resto del ejército. Arnold de Lisle así lo hizo en el castillo de Ludlow, en 1166. Pero esto también es muy peligroso. Tomaron el castillo, pero Arnold no vivió para disfrutarlo. Cuando la joven se enteró de que la había engañado, mató a Arnold con su propia espada.

3 *Natación.* Los castillos necesitan agua y, si puedes seguir la corriente de suministro, ésta puede ser una sorprendente vía de entrada. Chaumont-en-Vexin, Francia, era una poderosa fortaleza que tenía un suministro inagotable de agua potable porque un río la atravesaba por el centro. Enrique II envió a sus arqueros para que entraran en la ciudad nadando de noche. Los arqueros prendieron fuego a los edificios, mientras que Enrique atacaba las murallas. Los defensores corrieron a apagar el fuego y a salvar sus posesiones. A Enrique no le resultó difícil franquear las murallas indefensas.

4 *Engaño.* A las damas no se las consideraba parte de las fuerzas de asalto. Podían entrar en el castillo para conversar con la esposa del señor y pasearse por su interior con plena libertad. No era insólito que el señor asaltante se presentara a la hora de cenar en busca de su esposa. El conde de Chester lo hizo en el asedio de Lincoln en 1141. Se llevó a tres guardias, pero en cuanto estuvieron en la entrada, atacaron a los soldados, abrieron las puertas y dejaron pasar al resto de su ejército.

5 *Terror.* Si puedes apresar a los parientes de los defensores, puedes amenazar con matarlos si éstos no se rinden. Enrique V lo hizo en 1420 en Montereau. Apresó a los maridos de varias de las mujeres del castillo, construyó varias horcas ante el castillo e hizo llevar allí a los hombres. Las mujeres se despidieron

con la mano de sus maridos y éstos fueron ahorcados. Fue un desperdicio de vidas, porque el castillo se rindió ocho días más tarde y Enrique trató con misericordia a los supervivientes.

6 *Disfraz.* Finge que eres un campesino que lleva suministros al castillo. Cuando franquees las puertas con los carros de reparto, deja la entrada libre. Entonces tus hombres cruzarán corriendo las puertas. Los escoceses arrebataron a los ingleses el castillo de Edimburgo de esta forma en 1341. Volcaron un carro lleno de carbón para dejar la puerta abierta. El guardián de la puerta fue asesinado «tan silenciosamente que no dijo nada». Se cargaron al resto de los ingleses.

7 *Asesinato.* Si el jefe de una fortaleza fallece, existen muchas posibilidades de que los soldados se rindan. Si consigues que lo asesinen, tendrás más oportunidades de ganar. Esto sucedió en Francia en el siglo XII. Un asaltante envió al jefe que defendía el castillo un regalo: un yelmo nuevo y unos guantes. Cuando el jefe se lo puso, murió porque estaban impregnados de un veneno terrible. Cuando uno está cercado, tiene que mirar siempre el dentado de un caballo regalado. ¡Como los troyanos!

8 *Soborno.* Paga a alguien para que te deje entrar en el castillo. Muchas fortalezas han sido tomadas gracias a un traidor que ha permitido la entrada del enemigo por la noche por alguna puertecilla. El castillo de Ely estaba situado en medio de unas tierras pantanosas y era imposible tomarlo, hasta que en 1130 un monje permitió la entrada del ejército del rey Esteban. El monje fue recompensado con el cargo de abad. Dicen que tuvo una vida muy dura porque Dios había visto su engaño y lo castigó.

Bárbaros asedios

Un asedio tal vez te parezca una pacífica y tranquila guerra de espera, pero de hecho podían ser muy crueles y nada tranquilos.

En una ocasión, un ejército que asediaba un castillo invocó a los defensores para que se rindieran.

¡Terrible pero cierto!

¿Sabías que..?
El asedio más largo en Gran Bretaña fue el del castillo de Harlech, en Gales. La fortaleza era demasiado poderosa para ser asaltada, pero después de meses de privación de alimentos, la mayoría de sus defensores habían muerto de hambre. Las tropas de los atacantes ingleses asaban ternera en su campamento procurando que el olor llegara hasta los hambrientos defensores.

Historias escalofriantes de los asedios

1 Las catapultas no eran las únicas armas utilizadas en los asedios. Existían una especie de ballestas enormes que ya conocían los romanos, puesto que las utilizaron cuando Roma fue asediada por el jefe godo llamado Vitiges. El jefe se había encaramado a un árbol para ver mejor las defensas romanas, cuando le alcanzó la saeta de una ballesta y quedó clavado al árbol. Sus hombres no podían arrancar la saeta. Además, temían que les llovieran más saetas y no tiraban con fuerza. Se quedó allí colgado durante el resto del asedio.

2 Los cruzados se excitaron de lo lindo cuando tomaron Jerusalén en 1099. Corrieron por las calles, entrando en las casas y mezquitas, matando a todo quisque, hombre, mujer o niño que encontraban. La matanza duró toda la tarde y la noche. Cuando Raimundo de Aguilers fue a visitar el templo a la mañana siguiente, se adentró en un mar de cadáveres y de sangre.

3 En las *Crónicas de Froissart* se describe la venganza del Príncipe Negro sobre un amigo que se había pasado al enemigo. Ordenó a sus hombres que no perdonaran a nadie.

Se veía a los atacantes recorriendo la ciudad y matando a hombres, mujeres y niños, siguiendo las órdenes del Príncipe Negro. Era una escena lamentable porque los ciudadanos se arrodillaban ante el príncipe implorándole compasión, pero él estaba sediento

PERO, según los archivos de la ciudad, ¡la matanza jamás tuvo lugar! El ejército atacante mató a muy poca gente. ¡El autor de la crónica contó lo que *imaginaba* que sucedió!

4 La iglesia decía que no se debía luchar en los Días Sacros. Las batallas no se interrumpían esos días, pero era normal que sí lo hicieran durante los asedios. El 10 de agosto de 1174 el rey Luis VII otorgó una tregua por ser San Lorenzo, pero luego atacó a traición a los defensores cuando menos se lo esperaban. ¡No fue muy caballeroso de su parte!

5 En el sitio de Exeter los defensores tenían ingentes provisiones de boca, pero se les terminó el agua. Al principio no les importaba, porque se bebían las reservas de vino. Incluso lo utilizaron para hacer pan. Pero cuando los atacantes empezaron a enviar flechas incendiarias, los habitantes de Exeter tuvieron que utilizar el vino para apagar el fuego. Así se les terminaron las últimas reservas y tuvieron que rendirse.

6 Los incendios más temibles eran provocados por una misteriosa mezcla llamada «fuego griego». Era un líquido ardiendo que se arrojaba a través de unos tubos. Ardía mejor en el agua, razón por la cual ésta no servía para extinguirlo. Se podía apagar con arena (muy práctico si vivías en un castillo de arena), el vinagre lo extinguía (por lo que la bodega del barrio estaría a salvo), así como cualquier líquido que contuviese potasa. El líquido más corriente que contiene potasa es la orina. (La recogían en cubos antes de un ataque. ¡No seas zoquete y vayas a creer que el castillo tenía un equipo de bomberos que se ponía a mear sobre el fuego!)

7 El sitio de Rochester en 1088 tuvo un fin inesperado. Los defensores disponían de mucha comida y agua. Podían haber resistido un año más, pero en cambio se rindieron al cabo de unas semanas. Una plaga de pérfidas moscas les hacía enloquecer. Los insectos se paseaban por los ojos y la piel, por la comida y las bebidas. Un historiador dijo: «Nadie podía comer a no ser que un compañero de mesa le ahuyentara las moscas. Comían por turnos y utilizaban un matamoscas». El atacante, el rey Guillermo II, amenazó con ahorcar a los defensores si éstos se rendían, pero al final se mostró compasivo, ¡cosa que no hicieron las moscas!

8 Naturalmente, los defensores de Rochester tuvieron suerte al tener alimentos. William de Malmesbury describió un asedio en Antioquía durante la primera cruzada.

Todos los alimentos de la comarca fueron destruidos, por lo que los defensores se vieron sometidos a una gran hambruna. Había quienes se comían las vainas de las judías verdes antes de que estuviesen maduras y otros masticaban con sus mandíbulas cardos medio hervidos que introducían en sus estómagos. Otros vendían exquisiteces, tales como ratones, a quien estuviera dispuesto a comprarlos. Preferían tener comida que dinero. Hubo algunos que empezaron a comer carne humana de cadáveres de los que se habían muerto de hambre.

(¡Seguro que jamás volverás a quejarte de la comida de la escuela!)

9 Debido a los asedios se inventaron armas increíbles, de las que la más rara fue el «cuervo», un palo muy largo de madera armado con un gancho en un extremo. El otro estaba en la parte interior de la muralla y se podía contrapesar como un columpio, por lo que se podía bajar el extremo con el gancho al exterior. Dicho gancho servía para

atrapar a algunos atacantes despistados y levantarlos en el aire. El príncipe Enrique de Escocia fue atrapado por un cuervo en el asedio al castillo de Ludlow, pero el rey Esteban lo rescató. (Esteban era modesto y no se jactó de la hazaña.)

10 El rey Juan asedió el castillo de Rochester y envió a unos mineros a cavar bajo la torre de homenaje. Como de costumbre, los mineros apuntalaron la cueva con maderos. Normalmente luego llenaban el hueco con ramas, les prendían fuego y, al quemarse los puntales de madera, la cueva y las murallas se venían abajo. Pero Juan ordenó que añadieran cuarenta cerdos gordos al fuego. La grasa ardió con tanta fuerza que las piedras se resquebrajaron. Pero lo peor de todo fue el olor: ¡Imagínate que eres un defensor hambriento y percibes el olor a cerdo asado!

El último gran asedio

¿Cuándo fue el último asedio? ¿En 1649 en la Guerra Civil de Inglaterra? ¿En 1745 durante la rebelión de los jacobinos? No, en 1940, durante la Segunda Guerra Mundial. Las Islas Británicas fueron el «castillo», y la marina y las fuerzas aéreas alemanas las que organizaron el asedio.

La idea era tan antigua como la guerra de Troya. Cortar los suministros de alimentos a Gran Bretaña para que su población se rindiera por el hambre. Los submarinos alemanes atacaron los barcos que transportaban suministros. La aviación alemana bombardeaba la población, igual que las catapultas de la Edad Media habían arrojado piedras sobre los castillos. Los mares que rodean las Islas Británicas eran el foso.

Los británicos sobrevivieron a duras penas. Repartieron los alimentos por medio del «racionamiento» y los habitantes de la isla lucharon y pasaron hambre mientras sus ejércitos salían de la isla a atacar a las fuerzas enemigas.

No fue muy diferente de un asedio de la Edad Media. Y todavía hay supervivientes que lo recuerdan. Algo que tal vez no sepan es que ese «asedio» era más parecido a los de la Edad Media de lo que nos imaginamos, porque los que se quedaron para defender las costas (las murallas) eran un conjunto de voluntarios reclutados entre el personal no movilizado, conocido con el nombre de *Home Guard*, provistos de armas casi siempre rudimentarias. Muchos tuvieron que contentarse con lo que encontraron en polvorientos museos. Llegaron a formarse más de mil batallones (1.700.000 hombres y 30.000 mujeres).

La *Home Guard*, que recibía el sobrenombre de *Dad's Army* (el ejército de papá), hubiera tenido que enfrentarse al enemigo armados con arcos, flechas y alabardas.

Epílogo

Los últimos caballeros

La era de la construcción de castillos en Europa no duró mucho tiempo: el primer castillo de Francia fue construido en Doue-la Fontaine hacia el año 950 d.C. Al cabo de unos 500 años, los castillos perdieron todo su valor gracias al poder de la pólvora.

Los señores feudales los mandaban construir inmensos y altos para demostrar su gran poder. Los castillos no eran solamente lugares para vivir y luchar, sino que eran símbolos de piedra que permitían a un solo hombre gobernar sobre miles de personas. Todavía adornan el paisaje como si fuesen grises y enormes fantasmas. Sus perfiles en ruinas todavía se levantan altivos y, 500 años después, seguimos sintiendo el poder de la fría mirada de sus troneras.

¿Te atreverías a pasar una noche en un castillo en ruinas? ¿Entre sus paredes desnudas todavía resuenan los cascos de los caballos, el choque de los aceros y las temibles lanzas? ¿Aquellos extraños personajes que llamamos caballeros siguen presentes entre las piedras caídas? Los caballeros han desaparecido, pero ¿siguen existiendo en las mentes de los guerreros de hoy?

De hecho, los caballeros (hombres montados a caballo y armados con lanzas) desaparecieron en el siglo XV, cuando se inventó la pólvora. Los soldados a caballo podían luchar contra los fusiles, pero las contiendas duraban poco y casi siempre ganaban las armas de fuego.

Sin embargo, paradójicamente, los soldados a caballo con armas blancas siguieron existiendo cientos de años más. A veces incluso obtuvieron grandes victorias: Caballo Loco y sus guerreros sioux oguelala derrotaron a los soldados del general Custer, que disponían de rifles Spencer de un solo disparo. (Quizá los indios tenían Winchester de repetición.)

A veces sufrían desastrosas derrotas. La Brigada Ligera del Ejército Británico utilizó espadas para cargar contra los cañones rusos en la Guerra de Crimea en 1854 y volaron por los aires. El jefe francés dijo: «Es espectacular, pero esto no es guerra. Es una estupidez.»

Los militares siguieron utilizando la caballería para atacar al enemigo. En 1914, estalló la Primera Guerra Mundial. Era de suponer que los caballos no podrían vencer a las ametralladoras, pero el ejército británico recuperó la idea de proteger a sus hombres con corazas metálicas. Inventaron los tanques y se dispusieron a enfrentarse a los alemanes atrincherados.

En 1916, los nuevos tanques estaban a punto para entrar en acción, y fue entonces cuando sucedió uno de los hitos más sorprendentes de esa horrible historia, un hito que marcó el final de la historia milenaria del caballero: el comandante de la unidad de tanques se dirigía hacia la batalla cuando le ordenaron: «Aparque los tanques en la cuneta.»

Los tanques se detuvieron a un lado y hombres montados a caballo atacaron primero. Los bravos lanceros cargaron contra las ametralladoras.

Una hora más tarde, los tanques volvieron a rodar aplastando los cuerpos ametrallados de los lanceros.

Los últimos caballeros cayeron como habrían querido sus antepasados: enfrentándose a la muerte.

LAS 10 MEJORES

Obras y leyendas de todos los tiempos

Te presentamos en cada libro de esta colección los relatos que han encabezado las listas de los más famosos, desde los tiempos en que eran narrados de viva voz y transmitidos de boca en boca, mucho antes de que se pusieran por escrito, pero contados ahora de una forma mucho más divertida, *para que no tengas que leerlos*, de un modo como nunca antes han sido contadas.

¿Cuál encabeza la lista de las obras más populares desde su estreno?

¿Quién encabezaba la lista de los héroes más deseados en la oscura Edad Media?

¿Quién fue el protagonista más célebre de todo el Antiguo Testamento?

¿Qué leyenda encabezaba la lista de las más truculentas desde hace más de 2.000 años?

Será un placer enviarte gratis nuestro catálogo con todas las obras publicadas, para que no te pierdas ninguno de los libros de ESA HORRIBLE CIENCIA, ESA GRAN CULTURA, ESA HORRIBLE HISTORIA *y los que seguirán*.

Editorial Molino Calabria, 166 08015 Barcelona Correo electrónico: molino@bcn.servicom.es

ESA HORRIBLE HISTORIA

Títulos publicados:

1 *Esos supergeniales griegos*
2 *Esos asombrosos egipcios*
3 *Esa bárbara Edad Media*
4 *Esos temibles aztecas*
5 *Esos degolladores celtas*
6 *Esos siniestros castillos y sus nobles caballeros*

ESA GRAN CULTURA

1 *Ese increíble arte*
2 *Esa alucinante música*
3 *Esas geniales películas*
4 *Esa fascinante moda*

ESA HORRIBLE CIENCIA

Títulos publicados:

1 *Huesos, sangre y otros pedazos del cuerpo*
2 *Esa caótica química*
3 *Esa repelente naturaleza*
4 *Esas funestas fuerzas*
5 *Esa impresionante galaxia*
6 *Esas mortíferas mates*
7 *Esa repugnante digestión*
8 *Esos insoportables sonidos*
9 *Esos asquerosos bichos*
10 *Más mortíferas mates*

Título original: *Dark Knights and Dingy Castles*
Publicado por primera vez en el Reino Unido
por Scholastic Publications Ltd. en 1997
Traducción: Josefina Caball Guerrero

Publicado en lengua castellana por
EDITORIAL MOLINO
Calabria 166, 08015 Barcelona
Dep. Legal: B. 32.477-2008
ISBN: 84-272-2036-7

Impreso en España — Printed in Spain

LIBERDÚPLEX, S.L.U. – Sant Llorenç d'Hortons (Barcelona)

ESA HORRIBLE HISTORIA